Teatime

80 Köstlichkeiten für die schönste Stunde des Tages

UMSCHAU

Teatime

80 Köstlichkeiten für die schönste Stunde des Tages

Gabriele Gugetzer

Mit Fotografien von Julia Hoersch
nach einem Konzept von Dietlind Wolf

Inhalt

H.M. Queen Elizabeth II

Das neue Trinkgefühl

Es ist noch gar nicht lange her, da galt es als enorm weltgewandt und lässig, mit einem Pappbecher durch die Straßen zu schlendern. Dieser Becher – riesig musste er sein – war befüllt mit pappsüßem und überteuertem Kaffee. Diese Zeiten waren zwar erst gestern und scheinen doch vorbei. Coffee to go ist kein Wunschziel mehr. Unsere Zeit ist ohnehin schnelllebig genug. Entschleunigung ist erstrebenswert geworden. Eine Teatime verheißt das, sie signalisiert Entspannung und Muße. Nicht umsonst schwärmte der amerikanische Schriftsteller Henry James, der im Herzen ein Engländer war, von dieser Teestunde. Kaum eine andere Stunde des Tages, meinte er, sei so angenehm.

Henry James lebte im 19. Jahrhundert, aber die Teatime, die er und seine Zeitgenossen damals zelebrierten, erfährt gerade ein Revival und wird dabei kräftig entstaubt. In vielen schönen Hotels auf der Welt zwischen London und den Malediven werden mittlerweile Teatimes angeboten. Noch schöner: Teatimes entwickeln sich zur Trendeinladung für zuhause. Denn sie verheißen etwas, was wir Deutschen unbestritten besser können als alle anderen: Gemütlichkeit. Immerhin hat es dieses Wort sogar in den englischen Sprachschatz geschafft.

Das Mutterland der Teatime

Kein anderes Land wird so sehr mit Tee assoziiert wie Großbritannien. Es gibt Tee zum Frühstück, Tee zwischendrin, Tee zum Abendessen, Tee vor dem Zubettgehen. Tee wird getrunken, um sich aufzuwärmen, um sich abzukühlen, um zu entspannen, um wach zu werden. Am Nachmittag wird mit süßen und pikanten Knabbereien und herzhaften Bissen eine Teatime daraus. Dann heißt die Teatime auch *afternoon tea* und ist nicht mit dem *high tea* zu verwechseln, einer stärkenden Mahlzeit am Ende des Arbeitstages, wie sie traditionell in den Arbeiterhaushalten eingenommen wurde.

Zu einer Teatime gehören immer süße und pikante Häppchen, die durchaus auch sättigend sein können. Die klassische Reihenfolge: Sandwiches, gefolgt von Crumpets, den selbst gebackenen Krümelbrötchen, danach gibt's Süßes. Wobei es auch nicht schlimm ist, wenn Sie es genau andersrum machen – so wie wir nämlich.

Die Erfinderin dieser Zeremonie war Anna, die siebte Herzogin von Bedford. Mitte des 19. Jahrhunderts aßen die Menschen nur zweimal am Tag richtig, morgens und abends. Bei ihr hinterließ diese Sitte gegen 16 Uhr ein Loch im Magen. Sie ließ sich neben Tee auch Sandwiches, die vom Earl of Sandwich bereits erfunden worden waren, in ihre Gemächer bringen. Erst stärkte sie sich solo, bald lud sie Freundinnen dazu ein. Neben Sandwiches und Süßem wurde nun auch Klatsch serviert. Vielleicht deshalb setzte sich die Teatime in der gehobenen Gesellschaft binnen weniger Jahre durch. Porzellanhersteller wie Wedgwood, Royal Doulton und Spode entwickelten passendes Teegeschirr und viele Accessoires, die heute noch in Gebrauch sind. Etageren, viereckige Käseteller, längliche Sandwichtabletts schmücken jede Tafel, selbst wenn sie vom Flohmarkt oder aus dem Fundus der Omi kommen.

Teetraditionen in anderen Ländern

In über 40 Ländern der Welt wird Tee angebaut. Jedoch hat nicht jedes Land seine besondere Teetradition. So gehört Kenia zwar zu den größten Teeproduzenten der Welt, aber es exportiert einen Großteil seines Tees – fast 95 Prozent. Hier hat sich keine Teetradition entwickelt. Ganz anders als in Japan oder China. Beide Länder sind für ihre unterschiedlichen Teezeremonien bekannt geworden.

Japaner zelebrieren Tee. Ihre Teezeremonie dient der Meditation und folgt im Ablauf strikten Regeln. Schon lange bevor der Westen grünen Tee kennenlernte, war diese Zeremonie deshalb im Ausland bekannt. Die Hauptrolle spielt dabei der Tee. Er wird gemahlen und dann mit einem ganzen Verbund an traditionellen Werkzeugen verquirlt, aufgeschäumt und verkostet. Eine Teezeremonie dauert durchaus Stunden und erfordert neben Konzentration auch Körperbeherrschung. Die Teilnehmer sitzen nicht im gemütlichen Sofa, sondern im Schneidersitz oder auf ihren Knien. Für die geistreiche Konversation, die eine solche Zeremonie belebt, sorgen bis heute Geishas.

Dazu gibt es Kleinigkeiten aus der Kaiserküche Japans, der sogenannten Kaiseki-Küche. Sie sind so kunstfertig und hochwertig wie Sushi und Sashimi, die wir aus Japan kennen, in der Textur und aromatischen Passgenauigkeit zum Tee jedoch für westliche Gaumen noch immer etwas ungewöhnlich. Typisch sind Sushi, die anstelle von Reis mit Sobanudeln gerollt werden, und zarte Schnittchen aus Sesammilch. Eine Suppe darf nicht fehlen, auch Süßes gibt es, um den etwas bitteren Geschmack des Tees auszugleichen.

Die japanische Teezeremonie hat überdies eine spirituelle Bedeutung. Tee und Zen sind miteinander verbunden, so wie auch Kalligraphie und Ikebana. Die Konzentration auf die vielen festgelegten Handgriffe soll gedankliche Ruhe und Kraft bringen. Deshalb wird auch vom Gast ein vorgeschriebenes Verhalten erwartet.

China ist das Mutterland des Tees. Seit über 2.000 Jahren wird Tee im Riesenreich kultiviert. Hier wurde auch die Teezeremonie erfunden, die erst im 7. Jahrhundert von Japan übernommen wurde. In China begleitet eine Teezeremonie beispielsweise häufig Hochzeitsfeierlichkeiten und andere große Festtage.

Schön blumig, wie asiatische Legenden sind, begann auch diese Entdeckungsgeschichte. Im Jahr 2737 v. Chr. saß Kaiser Shen Nung unter einem Baum und wartete darauf, dass sein Diener ihm heißes Wasser reichte. Einige Blätter fielen von einem Strauch in das Getränk. Shen Nung, der überdies Botaniker und entsprechend neugierig (oder auch einfach nur mutig) war, nippte an diesem aromatisierten Wasser und entdeckte seine belebende Wirkung. Er hatte den Tee entdeckt.

Mit chinesischer Teekultur werden die architektonisch oft reizvollen Teehäuser assoziiert. Sie sind Orte geselligen Zusammenseins, in denen man sich trifft, plauscht, entspannt. Bis heute gilt Tee auch als Zeichen der Gastlichkeit in Privathäusern. Zum Tee essen Chinesen gerne herzhaft – Süßes ist im Riesenreich sowieso relativ selten. Der klassische Start in den Morgen besteht aus grünem Tee mit heiß gereichtem Dim Sum.

Short eats heißen Häppchen aus Sri Lanka, die wie der dort angebaute Ceylontee (bis 1972 hieß der Inselstaat Ceylon) zur kulinarischen Tradition des Landes gehören und als süße oder pikante Variante zu Tee gereicht werden. Auf den Malediven, einem muslimischen Inselstaat der seit langer Zeit Handelsbeziehungen mit dem nur eine Flugstunde entfernten Sri Lanka unterhält, hat sich diese Tradition der *short eats* in Verbindung mit dem Moscheebesuch erhalten.

Vor dem Freitagsgebet treffen sich Familie und Freunde zu einem Imbiss mit Tee, der natürlich aus Sri Lanka stammt, mindestens 10 Minuten ziehen muss und, damit er besonders stark schmeckt, aus den niedrig gelegenen Regionen der Insel stammt. Europäer bevorzugen dagegen den Hochland-Ceylon. Zum starken Teeaufguß gehört Palmzucker *(jaggery)*, in Stückchen gebrochen. Diese legt man sich auf die Zunge und schlürft dann einen Schluck Tee.

Kein Land der Welt produziert mehr Tee als Indien. Das überrascht, denn der Assamtee, der neben dem Darjeeling die bekannteste Teesorte des Subkontinents ist und die Grundlage für den Ostfriesentee bildet, war dort selbst vor 200 Jahren kaum bekannt. Heute trinken auch die Inder zunehmend mehr Tee. Der Masala Chai, ein mit Gewürzen angereicherter schwarzer Tee, der häufig auch mit Milch versetzt wird, hat im Westen einen gewissen Kultstatus erreicht. Grüner Kardamom, Ingwer, Zimt, Fenchelsaat und Nelken sind typische Aromen, aber auch Muskatnuss, Safran, Süßholz und Pfeffer können vorhanden sein. Kein Wunder: Masala heißt Gewürz.

Deutschland ist kein klassisches Teetrinkerland, wenn man von den Teestuben der 1970er-Jahre mal absieht. Wären da nicht die Ostfriesen. In dieser relativ kleinen Region wird viermal so viel Tee pro Jahr getrunken wie im Rest der Republik. Ihr Ostfriesentee ist eine Assammischung: malzig und stark, mit Tanninen und Fruchtaromen. Er muss sich gegen den traditionell gereichten Kandis und das Wulkje, wie die mit einem speziellen Teelöffel eingeführte Sahnewolke heißt, geschmacklich behaupten. Umgerührt wird der Tee nicht. Deshalb schmeckt er in drei Lagen und jedes Mal anders, erst sahnig, dann stark, dann süß.

Auch in Frankreich und der französischen Schweiz genießt man Tee auf eine besondere Weise, in den *salons de thé*. Einer der berühmtesten Teehändler der Welt, *Mariage Fréres*, hat sein Stammhaus in Paris und die Optik internationaler Genusstempel zwischen Berlin und Singapur mit seinen wunderschönen Teedosen geprägt.
Im *salon de thé* gibt es durchaus auch heiße Schokolade zu trinken.
Außerhalb dieser Teesalons sollte man in Frankreich aber lieber auf Kaffee zurückgreifen.

Die perfekte Tasse Tee

Ist Tee wirklich so kompliziert? Komplex ja, kompliziert nein. Andreas Winkels ist einer der wenigen Tea Master in deutschen Grand Hotels. Er war über 20 Jahren Leiter der Wohnhalle im Hamburger Hotel Vier Jahreszeiten, einem Hotel, das als eines der ersten hierzulande den *afternoon tea* anbot. Er kennt sich also aus mit Tee. Andreas Winkels fragt beispielsweise seine Gäste nicht, was sie essen wollen und sucht ihnen dazu den passenden Tee aus. Er fragt sie, ob sie sich mit Tee auskennen, welche Sorten sie mögen, welchen Geschmack sie nicht mögen und ob sie mal etwas Neues ausprobieren wollen. Passionierten Kaffeetrinkern empfiehlt er stärker schmeckende Teesorten, Neugierigen stellt er weißen oder grünen Tee vor, beispielsweise seinen Favoriten Milky Oolong, einem über Milchdampf anfermentierten Tee. Lapsang Souchong ist hingegen etwas für Kenner und erfahrene Teetrinker, die mal etwas anderes probieren wollen; immerhin wird er über Chinesischer Kiefer geräuchert. Teebeutel gehören für ihn allerdings abgeschafft. „Darin steckt immer mindere Qualität", sagt der sonst so verbindliche Tee-Chef nachdrücklich. Seit 22 Jahren macht Andreas Winkels diesen Job – er muss es wissen.

Seine fünf Tipps für die perfekte Tasse Tee:

1) Blatttee verwenden.
2) Kanne und Tassen vorwärmen. Ein Stövchen ist überflüssig.
3) Pro Tasse 1 Teelöffel Tee rechnen.
4) Schwarzer Tee wird mit sprudelnd kochendem Wasser aufgegossen, grüner und weißer Tee bei 75 °C. Das klappt auch ohne Thermometer. Sein Trick: Auf 500 Milliliter kochendes Wasser 3 Eiswürfel geben. Sind die geschmolzen, ist die Temperatur perfekt für grünen oder weißen Tee.
5) Schwarzer Tee muss 3 Minuten, grüner und weißer Tee müssen 2 Minuten ziehen.

Teevielfalt

Die Faustregel bei der Kombination von Tee und Speisen:
Starke Aromen passen gut zusammen, zarte Aromen ebenso.

Assam (Schwarztee, Indien)
Zu Räucherfisch, Pilzen, Roastbeef, gewürzbetonten Desserts (Karottenkuchen) und sahnigen, butterigen Keksen oder Kuchen.

Ceylon (Schwarztee, Sri Lanka)
Bestandteil der klassischen englischen Frühstücksteemischung. Dank der Duftnoten schön zu Obst, auch gut zu Fleisch, sehr gut mit Milchspeisen und für Milch-Teetrinker.

Darjeeling (Schwarztee, Indien)
Je nach Pflückzeit fein bis hochwertig. Den *first flush* aus dem Frühling trinkt man am besten pur. Die Sommer- und Herbstpflückungen passen zu Käsegerichten, weißer Schokolade und Eierspeisen oder Käsekuchen.

Earl Grey/Lady Grey (aromatisierte Schwarztees)
Zu süßen und fruchtigen Teatimes. Ergänzen sich auch schön mit Bitterschokolade.

English Breakfast (Blend aus Anbaugebieten wie Assam, Kenia, Ceylon oder China)
Ganz früh am Morgen mit Milch und Zucker, später zum herzhaften Brunch. Schön zu Sandwiches, auch mit Senf oder Meerrettich.

Genmai Cha (grüner Tee mit geröstetem Reis, Japan)
Fein und erfrischend zu Fischspeisen.

Gunpowder (grüner Tee, Japan)
Zu geräucherten oder gebackenen Gerichten.

Jasmintee (aromatisierter Tee, auf Basis von grünem Tee, auch mit Oolong oder Schwarztee, Japan)
Zu fruchtigen Gerichten.

Keemun (Schwarztee, China)
Für süße Gerichte mit Vanille oder Schokolade und zu Eierspeisen, auch Tartes und Quiches passend.

Kenia (Schwarztee, Afrika)
Robust und fruchtig. Gehört in den *Breakfast Tea* und ist auf fast jeder Afternoon-Teakarte zu finden. Zu Milch- und Eierspeisen und Schokoladen.

Lapsang Souchong (geräucherter Schwarztee, China)
Zu pikanten Gerichten, insbesondere zu Lamm und auch Käse. Er schmeckt auch zu Keksen und Crumpets mit Orangenmarmelade.

Masala Chai (Gewürztee, ursprünglich Indien)
Zu Milchspeisen, Keksen und Schokolade.

Matcha (grüner Tee, Japan)
Zu weißer Schokolade und Eier- und Milchgerichten.

Oolong (halbfermentierter Tee, China, Taiwan)
Zu Lachs- und Eiersandwiches und zu Süßem, auch mit (weißer) Schokolade oder Obstdesserts und -kuchen.

Sencha (Grüntee, Japan)
Zu Eierspeisen und feinen Keksen.

Weißer Tee (China)
Das zarte Aroma schmeckt am besten zu zarten Desserts, in denen die butterige Note nicht vorschmeckt.

Wissenswertes zum Tee

Schwarzer Tee, grüner Tee, weißer Tee, Oolong – alle Teesorten stammen von der gleichen Pflanze ab.

In Londons Stadtteil Greenwich ist ab Frühjahr 2012 wieder die *Cutty Sark* zu besichtigen. Sie ist der berühmteste aller Teeklipper, wie die eigens für den Teetransport vom chinesischen Fluß Kanton zu den Dockanlagen im Londoner Eastend entwickelten rasanten Segelschiffe genannt wurden.

In China galt Tee ursprünglich als Medizin und wurde mit gesundheitsfördernden Gewürzen, Ingwer und sogar Zwiebel versetzt.

Tee und Opium: 200 Jahre handelte die *East India Company* mit beidem. Sie verkaufte Opium an China und kaufte von diesem mit dem Erlös aus den Verkäufen Tee. Eine direkte Folge dieser Handels- und Machtpolitik: die Opiumkriege des 19. Jahrhunderts.

Für das Teegeschirr wurden besondere *tea towels* entwickelt. Mit diesen Geschirrtüchern aus Leinen, die Feuchtigkeit besonders gut absorbierten, machte sich ausnahmsweise die Herrschaft ans Abspülen und Abtrocknen des dünnwandigen und sehr zerbrechlichen Teeservices, denn der Küchenmagd traute man solch filigrane Arbeit nicht zu.

Anfang des 17. Jahrhunderts nimmt die *Dutch East India Company* ihre Teefahrten auf. Tee wird nach Europa exportiert, ist jedoch aufgrund des Preises den Königshäusern vorbehalten.

Die „Boston Tea Party" fand am 16. Dezember 1773 statt. Bürger der Stadt verkleideten sich als Indianer und warfen Tee ins Hafenbecken, den ein englisches Schiff gerade erst gebracht hatte. Mit dieser nur auf den ersten Blick verwirrenden Aktion protestierten sie gegen die heimlichen Steuern, mit denen sie die britische Krone belegte. Da sie einer Kolonie angehörten, konnten sie nicht direkt besteuert werden; deshalb versuchte es das britische Königshaus über den Umweg einer Abgabe auf Alltagsgüter. Und das war Tee zum damaligen Zeitpunkt schon geworden, jedenfalls für den Mittelstand.

Bei Jane Austen stand der Tee jedoch unter Verschluss. Nicht nur, weil er teuer war, sondern weil sich damit auch ein gewisser sozialer Status vorführen ließ. In allen Austen-Romanen begleitet Tee oder eine Teestunde den Alltag der Hauptfiguren. In einem Brief an ihre Schwester beschrieb Jane Austen eine gemeinsame Bekannte: „Zwei Charaktereigenschaften mag ich an ihr, ihren Buchgeschmack und die Tatsache, dass sie ihren Tee ohne Sahne nimmt."

Die Reinheit von Lebensmitteln war in früheren Zeiten längst nicht so wichtig wie heute. Die Chinesen färbten ihren grünen Tee für den Export besonders grün ein, allerdings auch hochgiftig, mit Gips und Blausäure.

Anfang des 19. Jahrhunderts stickten junge Engländerinnen aus gutem Hause nicht mehr nur, sondern verschönerten auch Teedosen, beispielsweise mit Filigranarbeit. Solche Dosen können heute mehrere Tausend Pfund wert sein.

TIF oder MIF? Hinter diesen Kürzeln verbergen sich Informationen darüber, ob eine Person den Tee zuerst und dann Milch und Zucker nimmt oder die Milch zuerst. *Tea in first* oder *milk in first* ist hier die Frage. Die Queen ist ein TIF.

Der Teebeutel entstand zufällig. Ein New Yorker Teehändler verpackte seinen losen Tee zum Verschicken an seine Kundschaft in Seidenbeutel, bis er feststellte, dass diese den Tee nicht auswickelte, sondern im Beutel aufbrühte. Aus Kostengründen wurde die Seide bald durch Gaze und später durch Papier und andere Materialien ersetzt.

Tee ist wie Wein, jedenfalls was das Terroir angeht. Wo ein Wein angebaut wird, in welcher Höhe, auf welchem Boden und in welchem Klima, ist für seinen Geschmack ganz wichtig. So ist es auch beim Tee.

Bevor die Briten nach Indien, genauer gesagt, in das riesige Teeanbaugebiet Assam kamen, tranken die Einheimischen kaum Tee. Wenn überhaupt, kauten sie ihn oder, so beobachtete es der holländische Abenteurer Jan Juyghen van Linschoten im Jahr 1598, kochten damit und kombinierten die Teeblätter beispielsweise mit Knoblauch und Öl.

Früher diente die Teekanne auch als Sparschwein. Interessanterweise kam die Teekanne erst relativ spät, im 13. Jahrhundert, in Gebrauch. Vorher wurde Tee in Teekuchen gepresst, in großen Kesseln mit heißem Wasser gekocht und dann auf Einzeltassen verteilt.

Warum ist der Rabe kein Schreibtisch? Die Antwort wissen Sie nicht? Nun, Lewis Carroll, Autor von *Alice im Wunderland*, wusste sie auch nicht. Er legte sie dem Hutmacher in den Mund, der mit Alice sicherlich eine der verrücktesten Teapartys der Geschichte feierte.

Tee ist neben Wasser das am meisten verkonsumierte Getränk der Welt. In Großbritannien allein werden täglich rund 165 Millionen Tassen Tee getrunken.

„Eine Tasse Tee und die *Times*", soll der erste Befehl von Königin Victoria nach ihrer Thronbesteigung gelautet haben.

Unfermentierter Tee ist weiß oder grün, halb fermentierter Tee wird Oolong genannt, fermentierter Tee ist Schwarztee. Bei diesem Vorgang, auch Oxidation genannt, werden die vorher getrockneten Teeblätter in feuchtwarmer Hitze auf 30 °C erwärmt. Dabei werden die Gerbstoffe in den Blättern umgewandelt und die ebenfalls enthaltenen ätherischen Öle freigesetzt. Ein solcher Oxidationsvorgang kann mehrere Stunden dauern.

Teatime selbst gemacht

Wenn Sie Lust haben, selbst eine Teatime zu geben, würde das vielleicht nicht nur Ihren Freundinnen gefallen. In Londoner Hotels sind immer wieder Geschäftsleute und beste Kumpels zu sehen, die sich zu einer Teatime verabreden und sich dabei – kleiner Tipp – besonders ungehemmt auf die süßen Sachen stürzen.

Eine Teatime kann auch einen etwas offizielleren Charakter annehmen. Geburtstage, Feste in kleinerem Rahmen oder ein erstes Kennenlernen zukünftiger Schwiegereltern lassen sich mit einer Teatime relativ unaufwendig und zeitlich begrenzt in einem schönen Rahmen begehen. Noch mehr Spaß macht es, wenn man die Einladung unter ein Motto stellt.

Der Tee

Wer Tee-Einsteiger ist, dem sei ein Assamtee empfohlen. Der ist erschwinglich und überall in guter Qualität zu haben; immerhin ist er die Grundlage des Ostfriesentees. Außerdem passt Assamtee gut zu Milch und Zucker oder Sahne und Kandis. Viele Kenner und Profis hingegen trinken ihren Tee ohne Zusätze.

Am anderen Ende der Aromenskala und ganz weit entfernt vom Assamtee steht der japanische Grüntee Gyukuro. Er ist teuer, aber keine Angst: In Europa ist er sowieso fast nie zu haben. Die Japaner trinken ihren Tee – übrigens ausschließlich grünen Tee – nämlich selbst. Maximal 1 Prozent ihrer Gesamtproduktion bringen sie in den Export. Der grüne Tee, den wir trinken, stammt vorrangig aus China.

Mögen Sie selbst gerne parfümierte Tees wie Earl Grey oder Lady Grey oder sogar den rauchigen Lapsang Souchong, und sind sich bei Ihren Gästen da nicht sicher? Mit einem Schwarztee können Sie das intensive Aroma dieser Tees strecken. Für einen Earl Grey, sicherlich einer der bekanntesten Tees, wird Darjeelingtee mit Bergamotte-Öl aromatisiert. Geben Sie einfach pro Kanne 1 Teelöffel Darjeeling zur Earl-Grey-Mischung, dann wird das Aroma zarter.

Das Schöne an Tee ist auch seine lange Haltbarkeit. Tee verdirbt nicht, solange er trocken und dunkel gelagert wird. Wenn Sie bei Ihrer Teatime mit zwei Sorten experimentieren wollen, dann bieten sich beispielsweise ein Darjeeling und dazu ein Assam an. Vielleicht auch einen Earl Grey und einen Lady Grey, der neben Bergamotte auch noch getrocknete Zitruszesten enthält. Oder einen zarten weißen Tee und einen aromatischeren Darjeeling.

Noch ein spülmaschinenfestes Teesieb oder Teefilter aus Papier, ein oder zwei Teekannen, idealerweise dünnwandige Teetassen, mehr brauchen Sie nicht.

Vielleicht fragen Ihre Gäste Sie auch, ob sie etwas zur Teatime beitragen können. Lassen Sie sich von den Teatime-Themen der nächsten Seiten inspirieren und verteilen einfach die Rezepte oder die Stylingelemente. Dann wird aus einer Teatime von Beginn an ein kleines Gruppenevent, und das macht einfach viel mehr Spaß als eine steife Veranstaltung. Denn das ist eine Teatime selbst im vornehmsten Londoner Hotel nicht.

Das Ambiente

Wenn Sie den britischen Stil etwas kennen und mögen, ist Ihnen sicherlich schon aufgefallen, dass es nie zu perfekt sein darf. Britischer Stil – das sind angestoßene Erbstücke, Mustermix und das Kombinieren von Teurem mit Flohmarktfunden zu einem individuellen Ganzen. Damit das nicht wie ein Durcheinander wirkt, ist Symmetrie wichtig. So wirken beispielsweise zwei Kerzenständer schöner als einer, ist eine Kissenlandschaft in unterschiedlichen Größen angeordnet keine Kissenschlacht mehr und sieht eine Sammlung von Strohhüten besonders schön aus, wenn sie als kleine Galerie auf einem Fenstersims ausgestellt ist.

Motto-Teatimes

Hier finden sich Ideen zu vier typisch britischen Teatime-Themenpartys. Mit einigen Hinweisen zu passenden Accessoires und Rezepten lässt sich eine normale Tee-Einladung ganz einfach und schnell in eine stylische Angelegenheit verwandeln. Lassen Sie sich durch die untenstehenden Stichworte inspirieren und entwickeln Sie die Ideen ganz nach Ihrem eigenen Geschmack weiter. Der Kreativität sind keine Grenzen gesetzt.

English Rose

Symbol: Prinzessin Diana

Stil: Verspielt

Stichworte: Blumendekor, Rosen und andere Blüten und Blumen, Paisley-Muster, Spitze, Strohhüte, altes Leinen, Chintz, altes Silber, alte Teekistchen und Teedosen, Tiaras, Sommerkleider, alte Bilderrahmen, Parfumflaschen, Teddys, alte Koffer

Serviert werden: Daisy Cakes (Seite 47), Crumpets (Seite 129), Orangenmarmelade (Seite 60), Lemon Curd (Seite 68), Lachssandwich mit Meerrettichcreme (Seite 89), Bakewell Tart (Seite 55), Victoria Sponge (Seite 75), Teabread (Seite 100), Buttermilch-Sandkuchen (Seite 47)

English Eccentrics

Symbol: Vivienne Westwood

Stil: Humorvoll

Stichworte: Intensive Farben, Stilmix, Schottenkaro, Samt, Rüschen, Damast, Urnen, Kristalllüster, Kronen, Wedgwoods Jasper Ware, alte Bücher, Punk

Serviert werden: Battenbergs (Seite 48), Petit Fours (Seite 42), Tomatenbrot mit Gentleman's Relish (Seite 124), Gurkensandwich (Seite 90), Eton Mess (Seite 56), Mit Tee geräucherter Lachs (Seite 123), Scotch Egg (Seite 108), Treacle Tart (Seite 55), Trifle (Seite 71)

English Retro

Symbol: Die Queen

Stil: Zeitlos

Stichworte: Herrenhausstil, Pastell und Perlen, Barbourjacken und Gummistiefel, Seidenkopftücher, Tweed, Gestricktes, Thermoskannen, Eichenmöbel und altes Zinn, Rolls Royce, wertvolle Füller und persönliches Briefpapier, Holzeinlegearbeiten, handgezogene Kerzen, Mistelzweige, Efeu

Serviert werden: Karottenkuchen mit Frischkäsecreme (Seite 51), Pavlova (Seite 68), Welsh Rarebit (Seite 107), Roastbeef mit Yorkshire Pudding (Seite 115), Zitronen-Mohn-Sandkuchen (Seite 76), Marmalade Cake (Seite 76), Scones (Seite 60), Käse-Schinken-Pickle-Sandwich (Seite 94), Tee-Muffins (Seite 45), Club Sandwich (Seite 112), Coronation Chicken Sandwich (Seite 93)

Cool Britannia

Symbol: Her Royal Highness Kate

Stil: Elegant

Stichworte: Modern und stilsicher, klare Farben, Burberry, Paisley-Muster, Aston Martin, Zara, Whistles, kein Secondhand, kein Flohmarkt, weiblich, gepflegt, Kristallglas, Silber, hochwertiger Modeschmuck

Serviert werden: Matchatee-Pralinen (Seite 34), Thunfisch in Sesamkruste (Seite 86), Indische Mini-Lammburger (Seite 121), Tee-Wachteleier im Kressebett (Seite 99), London Cheesecake (Seite 52), Avocado-Krebsfleisch-Sandwich (Seite 86), Briesandwich mit Birnen (Seite 103), Lachssandwich mit Meerrettichcreme (Seite 89)

Süßes zum Tee

Matchatee-Pralinen

Im Fachhandel gibt es schöne Förmchen, in denen die Pralinen auch zu Mitbringseln werden.

100 g Sahne
1 EL Matchateepulver
300 g weiße Schokolade
1 Palette Hohlkugeln für weiße oder dunkle Schokolade
1 EL Wodka nach Belieben

Hohlkugeln, Spritztüte oder Pralinenfülltrichter, Pralinentunkgabel, Trüffelgitter

Ergibt 60–70 Pralinen

Die Sahne und das Matchateepulver in einem kleinen Topf bei mittlerer Hitze erwärmen. Die weiße Schokolade grob hacken und 200 Gramm davon zur Sahne-Tee-Mischung geben. Den Wodka nach Belieben angießen. Vom Herd nehmen und die Masse lauwarm abkühlen lassen, sonst schmelzen die Hohlkugeln später. Die übrige weiße Schokolade in einem Wasserbad zerlaufen lassen. Auf Raumtemperatur abkühlen, dann ein zweites Mal im Wasserbad erwärmen und flüssig werden lassen („temperieren").

Die Hälfte der Sahne-Tee-Schokoladen-Füllung in einen Pralinenfülltrichter oder eine Spritztüte geben und die Pralinenhohlkugeln damit bis fast zum Rand befüllen. Die Füllung ist sehr flüssig, deshalb eine kleine Schüssel bereithalten, falls es kleckst. Die Pralinen nun an einem kühlen Ort ruhen lassen, damit sich die Füllung etwas setzen kann. Die restliche Füllung in ein Schraubglas geben und für weitere Pralinen oder als Aromat zu einer Schokoladenmousse verwenden. Im Kühlschrank hält sie sich mindestens zwei Wochen. Mit einer zweiten Spritztüte etwas temperierte weiße Schokolade als Deckel auf den Pralinen aufbringen. Backpapier auf einer Arbeitsplatte auslegen und das Trüffelgitter daraufsetzen. Die Pralinen mit der Tunkgabel nacheinander in die temperierte und noch warme Schokolade tauchen und auf dem Gitter ablegen. Bei Wunsch mit der Pralinengabel auf dem Gitter hin und her rollen; das gibt ein schönes Muster. Die Pralinen bei Zimmertemperatur 2 Stunden fest werden lassen, danach an einem kühlen Ort aufbewahren.

Zimtpralinen

Diese Pralinen können ruhig aussehen wie hausgemacht. Ihre Gäste werden sich viel mehr darüber freuen, dass Sie sich die Mühe gemacht haben, Pralinen selbst herzustellen.

50 g Schlagsahne
50 g Vollmilchkuvertüre
50 g Zartbitterkuvertüre
1 EL Butter
½ TL Zimtpulver
3 EL Puderzucker

Ergibt 20–25 Pralinen

Die Schlagsahne in einem Wasserbad erwärmen. Die Kuvertüren fein hacken, dazugeben und schmelzen lassen. Alles gut miteinander vermischen. Die Butter hineingeben und zerlassen, dann den Zimt unterrühren. Die Masse abgedeckt gut durchkühlen lassen, damit sie fester wird. Das geht besonders gut über Nacht im Kühlschrank.

Für die Pralinenzubereitung die Masse teelöffelweise auf Alufolie oder Küchenpapier zu Kugeln rollen. Wenn die Masse zu weich wird, im Kühlschrank nochmals einige Zeit durchkühlen lassen. Den Puderzucker über die Kugeln sieben. Leicht gekühlt servieren.

Schokoladenmohrenköpfe

Wer es nicht ganz so herb mag, kann auf mildere Varianten mit niedrigerem Kakaogehalt ausweichen.

Den Ofen auf 200 °C Umluft vorheizen. Inzwischen die Eier trennen. Die Eiweiße mit 1 Prise Salz in einer Schüssel mit dem Handrührgerät steif schlagen. Dann den Zucker einrieseln lassen. Die Masse soll sehr stabil werden. Den Eischnee in eine Schüssel umfüllen. Die Eigelbe in einer Schüssel verquirlen. Das Mehl und die Speisestärke einsieben und vorsichtig unterziehen. Den Eischnee mithilfe eines Schneebesens unterziehen. Zwischendurch die Schüssel immer wieder rütteln, damit sich der Eischnee gut verteilt. Die Backform einfetten und den Teig einfüllen, am besten mit einem Löffel. Im vorgeheizten Backofen 10–12 Minuten goldgelb backen.

Inzwischen die Bitterschokolade mit der Butter in einem kleinen Topf im Wasserbad schmelzen lassen. Das Kakaopulver in einer kleinen Schüssel mit 50 Milliliter kochendem Wasser auflösen. Beides unter die geschmolzene Schokolade rühren. Die Schokolade in einer Schüssel mit dem Handrührgerät aufschäumen. Den Puderzucker einsieben, die Schokoladenmasse unterrühren und alles gut vermischen. Die fertig gebackenen Mohrenköpfe quer halbieren und die untere Hälfte mit der Füllung bestreichen. Deckel wieder auf die Füllung setzen. Mit Puderzucker bestäubt servieren.

3 Eier
1 Prise Salz
2 EL feinster Zucker
30 g Weizenmehl
30 g Speisestärke
100 g zimmerwarme Butter
100 g Bitterschokolade
2 EL Kakaopulver
250 g Puderzucker zzgl. etwas zum Bestäuben

Mohrenkopfbackform

Ergibt 16 Mohrenköpfe

Brownies

Exklusiv hat das Hamburger Hotel Vier Jahreszeiten hier sein Küchenrezept verraten.

Den Ofen auf 180 °C Umluft vorheizen. Die Schokolade hacken. Zusammen mit der Butter bei mittlerer Hitze über einem Wasserbad zerlaufen lassen.

Inzwischen die Eier in einer passenden Rührschüssel aufschlagen. Den Zucker unterrühren. So lange rühren, bis er vollständig gelöst ist. Nun den Frischkäse zerbröckeln und unterrühren. Das Mehl mit dem Salz und dem Backpulver verrühren und einsieben. Die zerlassene Butter-Schokoladen-Masse einrühren, dann die Walnüsse unterziehen.

Eine Brownieform mit Backpapier auslegen und die Masse ca. 3 Zentimeter hoch einfüllen und glatt verstreichen. Nach Wunsch mit einer Pralinengabel Wellen einritzen und 35–40 Minuten backen. Mit einem scharfen Messer in kleine Quadrate schneiden und in Papierförmchen servieren.

250 g Bitterschokolade (70 %)
120 g Butter
5 Eier
250 g Zucker
150 g Frischkäse
120 g Weizenmehl
1 Msp. Salz
1 Pck. Backpulver
50 g Walnüsse

Ergibt 20–25 Brownies

Shortbread

Dieses gehaltvolle Gebäck kommt aus Schottland. Es lässt sich mit unterschiedlichen Aromen variieren und ist in der Form nicht festgelegt. Typisch sind Fächer oder Finger, die man je nach eigener Kunstfertigkeit nur mit einem Gabelzinken oder aber aufwendiger verzieren kann. Ob man Puderzucker oder normalen Zucker für diese Kekse verwendet, ist ein ständiger Diskussionspunkt. Mir gefällt die krümeligere Konsistenz des Puderzuckers.

125 g Butter
80 g Puderzucker
160 g Mehl
1 TL Backpulver
1 Prise Salz

Ergibt 8–14 Stück

Die Butter mit einer Käsereibe in eine Schüssel reiben. Alternativ kann sie fein gewürfelt werden. Den Puderzucker zugeben und beides mit einem Handrührgerät vorsichtig verrühren. Das Mehl, das Backpulver und das Salz zu der Butter-Puderzucker-Masse sieben und einarbeiten. Wichtig ist, dass die Teigmasse nicht zu lange geknetet wird, sonst wird sie später zäh. Wenn der Teig noch zu krümelig ist, etwas Wasser zugeben. Den Teig in Frischhaltefolie wickeln und mindestens 1 Stunde im Kühlschrank ruhen lassen.

Inzwischen den Ofen auf 180 °C Umluft vorheizen. Den Teig auf einer bemehlten Arbeitsfläche mit einem bemehlten Nudelholz fingerdick ausrollen. Nach Belieben in Rechtecke oder Fächer schneiden.

Ein Backblech mit Backpapier auslegen. Die Rohlinge nebeneinander auf das Backblech geben, mit einer Gabel Muster einstechen und 8 Minuten backen. Die Kekse sind jetzt noch sehr weich und würden auf einem Küchengitter möglicherweise brechen. Am besten auf dem Backblech abkühlen lassen, so werden sie fester.

TIPP: Die Kekse lassen sich sehr gut einfrieren und können auch in größerer Menge zubereitet werden. Probieren Sie doch auch einmal ausgefallenere Kombinationen, zum Beispiel mit Lavendelsalz oder Kräutern. Eine leicht salzige oder kräuterherbe Note findet sich in vielen englischen süßen Sachen und passt sehr gut zu den meisten Tees, weniger vielleicht zum Mocha Latte.

SHORTBREAD MIT LAVENDELSALZ: Lavendelsalz gibt es als fertige Mischung. Das Gebäck nach dem Verzieren und vor dem Backen nach Geschmack damit bestreuen.

SHORTBREAD MIT KRÄUTERN: Wilder Thymian ist typisch für die schottische Heide. 2–3 Teelöffel gerebelten, fein gehackten Zitronenthymian unter den Teig ziehen.

Mini-Gugelhupfs mit Pflaumen

Das Besondere an diesen Gugelhupfs: Sie sind nur leicht süß. Für eine süßere Variante können die Gugelhupfs mit weißer Schokolade überzogen werden.

Den Ofen auf 180 °C Umluft vorheizen. Die Pflaumen waschen, entsteinen, fein hacken und in einem Topf bei geringer Hitze ohne Wasser mehrere Minuten köcheln lassen, bis sie weich sind. Den Schnaps angießen, alternativ etwas Wasser unterrühren.

Inzwischen die Hefe in 100 Millilitern lauwarmem Wasser auflösen. Den Zucker unterrühren und 15 Minuten beiseitestellen. Anschließend das Mehl vorsichtig unter die Hefemischung sieben. Die Eier und das Eigelb nacheinander unterrühren, zum Schluss die Pflaumen unterziehen und 1 Stunde gehen lassen. Die Masse auf die Backform verteilen, glatt streichen und im vorgeheizten Backofen 25–30 Minuten backen. Aus der Form lösen und auf einem Kuchengitter abkühlen lassen. Mit gesiebtem Puderzucker bestreut servieren.

200 g Pflaumen
2 cl Rum nach Belieben
½ Pck. Hefe
30 g Zucker
300 g Mehl
2 Eier
1 Eigelb
4 EL Puderzucker

Mini-Gugelhupf-Form

Ergibt 10 Mini-Gugelhupfs

Mini-Madeleines mit Earl-Grey-Aroma

Die Madeleines-Form gibt es in zwei Größen. Besonders niedlich ist die kleinere Größe, die Backzeit verkürzt sich dann um 2–3 Minuten.

Den Ofen auf 180 °C Umluft vorheizen. Die Butter und den Earl-Grey-Tee in einem kleinen Topf bei mittlerer Hitze verrühren und 5 Minuten ziehen lassen.

Inzwischen den Zucker und die Eier mit dem Stabmixer in einer Schüssel verrühren. Das Mehl mit dem Backpulver hineinsieben und vorsichtig unterziehen. Die Butter durch ein feines Sieb gießen, um die Teeblätter aufzufangen. Nach Belieben 1 Messerspitze der Teeblätter unter den Teig rühren, das sieht hübsch aus. Die Zitrone heiß abwaschen und trocknen. Die Zesten abreiben, unter die abgeseihte Butter rühren, und die Butter dann vorsichtig in den Teig einarbeiten.

Mit der restlichen Butter die Backform sorgfältig einfetten, mit Grieß einstäuben, den Überschuss abklopfen. Den Teig einfüllen und im vorgeheizten Backofen 12–15 Minuten goldbraun backen. Noch warm servieren.

TIPP: Sie schmecken auch lecker mit einem Überzug aus Bitterschokolade.

100 g Butter
2 EL losen Earl-Grey-Tee
80 g Zucker
2 Eier
140 g Mehl
½ TL Backpulver
1 unbehandelte Zitrone
1 TL Grieß

Madeleines-Form

Ergibt 12 große oder 24 kleine Madeleines

Petit Fours

Damit die Häppchen klappen, ist nur etwas Geduld und Zeit nötig.

Grundteig
3 Eier
1 Eigelb
100 g Zucker zzgl. 1 EL
100 g Butter
100 g Mehl

Sirup
2 TL Rum nach Belieben
1 TL Zucker

Füllung
1 TL Butter
1 TL Zucker
50 g gemahlene Mandeln
2 EL Schmand
4–5 EL Marmelade nach Belieben

Glasur
1 TL Beerengelee
1–2 Spritzer Zitronensaft
250 g Puderzucker

Kastenform (22 cm)

Ergibt 30–36 Petit Fours

Den Ofen auf 180 °C Umluft vorheizen. Für den Teig die Eier trennen, alle Eigelbe mit dem Zucker in einer Schüssel mit dem Handrührgerät verschlagen. Die Schüssel nun in ein Wasserbad stellen. Die Masse verrühren, bis sie langsam etwas zähflüssiger und heller wird. Die Butter in einem kleinen Topf zerlassen und zum Abkühlen auf Zimmertemperatur beiseitestellen.

Die Schüssel aus dem Wasserbad nehmen und die lauwarme, flüssige Butter langsam mit dem Schneebesen unter die Eiermasse rühren. Das Mehl in drei Portionen einsieben und sorgfältig unterheben.

Nun die Eiweiße mit 1 Esslöffel Zucker in einer Schüssel steif schlagen. Den Eischnee mit einem Schneebesen unter die Eigelb-Zucker-Masse heben, bis alles gut vermischt ist.

Eine Kastenform einfetten. Den Teig einfüllen und im vorgeheizten Backofen 25–30 Minuten goldgelb backen. Den Teig etwas ruhen lassen, am besten über Nacht. Der Teig wird beim Backen zwar fest, behält aber eine gewisse Luftigkeit – ideal zum Füllen.

Rum und Zucker für den Sirup in einen kleinen Topf geben und einmal aufkochen. Den Teig mit einem Kuchenschneider oder einem scharfen Messer längs halbieren und die Schnittflächen mit Sirup bestreichen.

Für die Füllung ebenfalls alle Zutaten in einem kleinen Topf bei geringer Hitze miteinander verrühren. Auf einer Schnittfläche verstreichen, die andere Schnittfläche fest darüberdrücken. Etwa 2 Stunden ruhen lassen.

Für die Glasur Beerengelee und Zitronensaft mischen und dann unter den Puderzucker rühren, bis eine zähe Masse entsteht. Den gefüllten Biskuitteig in kleine Quadrate teilen, auf Backpapier setzen und oben und an den Seiten mit Glasur bestreichen. Etwa 3 Stunden zum Trocknen beiseitestellen. Nach Belieben dekorieren.

TIPP: Das Beerengelee färbt den Überzug zartrosa ein. Für intensivere Farben eignen sich Lebenmittelfarben, die es im Backregal gibt. Damit lassen sich beispielsweise der Union Jack, das rotweiße Georgskreuz oder die schottische blauweiße Nationalflagge, das Andreaskreuz, aufdekorieren.

Süße Scones

Diese Kombination aus Kakao und scones-typischer Buttermilch habe ich in Australien entdeckt.

150 g Mehl
1 TL Backpulver
60 g Kakaopulver (kein Instant)
60 g Zucker
60 g Butter
150 ml Buttermilch
1 Eigelb

Glas oder runder Ausstecher (Ø 5 cm)

Ergibt 8 Scones

Den Ofen auf 180 °C Umluft vorheizen. Ein Backblech mit Backpapier auslegen. Das Mehl mit dem Backpulver und dem Kakao in eine Schüssel sieben. Den Zucker unterrühren. Die Butter hineinreiben. Die Buttermilch mit dem Eigelb verrühren und mit einem Holzlöffel einarbeiten.

Der Teig ist recht zäh und könnte sehr kleben; eine Arbeitsfläche entsprechend mit Mehl bestreuen. Den Teig mit bemehlten Händen auf 2,5–3 Zentimeter Dicke drücken. Mit einem Glas oder einem runden Ausstecher Kreise ausstechen und auf das Backblech legen. Im vorgeheizten Backofen 10–12 Minuten backen.

Tee-Muffins

Das Grundrezept lässt sich mit unterschiedlichen Toppings variieren, die besonders gut zu Tee passen.

Den Ofen auf 190 °C Umluft vorheizen. Die Butter in einem ofenfesten Topf im Ofen zerlassen. Die Butter abkühlen lassen, dann in eine Rührschüssel umfüllen und mit dem Zucker mehrere Minuten schlagen, bis die Masse schaumig wird und die Farbe verändert. Die Eier nacheinander einrühren. Das Mehl mit dem Backpulver verrühren, einsieben und vorsichtig unterziehen. Dann den Joghurt unterrühren.

Die Masse auf eine Muffinbackform verteilen und 15–20 Minuten backen. Muffins aus der Backform lösen und auf einem Kuchengitter abkühlen lassen.

TIPP: Muffinförmchen aus Papier gibt es mittlerweile mit vielen hübschen Mustern. Damit die Masse beim Backen genug Stand hat, empfiehlt es sich, zwei oder drei Papierförmchen ineineinander zu stellen. Die äußeren Förmchen können dann wiederverwendet werden.

MUFFINS MIT WEISSER SCHOKOLADE: Weiße Schokolade harmoniert mit Tee fast besser als Milchschokolade. Einige Hersteller, beispielsweise Valrhona, bieten weiße Schokolade in Pastelltönen zwischen Rosa, Orange, Pistaziengrün und Hellblau an. Alternativ kann man auch Lebensmittelfarbe verwenden.

Die weiße Kuvertüre hacken und mit der Sahne in einem Wasserbad bei mäßiger Hitze zerlaufen lassen. Gut verrühren. Bei Wunsch nun die Lebensmittelfarbe nach Herstellerangaben zugeben. Die Masse in eine passende Schüssel umfüllen und im Kühlschrank fester werden lassen, bis sie sich gut verstreichen lässt. Mit einem Esslöffel auf den Muffins verstreichen.

MUFFINS MIT LEMON CURD: Die cremige Zitronenbutter kann man ganz einfach selbst machen oder im Internet bestellen. Pro Muffin reicht ein Esslöffel, denn obwohl Zitrone und Tee sehr gut harmonieren, könnte das buttrige Aroma den Teegeschmack überlagern.

MUFFINS MIT ZITRONENGLASUR: Die Zitrone heiß abwaschen, die Zesten abreiben, den Saft auspressen. 1 Teelöffel Zitronensaft mit ½ Teelöffel Zesten unter den Puderzucker rühren. Nach Belieben mit Limoncello aromatisieren, alternativ mehr Zitronensaft verwenden, damit die Glasur zähflüssig und streichfähig wird. Glasur mit einem Esslöffel auf den Muffins verstreichen. Mit den restlichen Zesten bestreuen. Schön passen zu diesen Muffins auch fertige Verzierungen wie pastellfarbene Blüten.

Grundteig
110 g Butter
110 g Zucker
2 Eier
250 g Mehl
1 TL Backpulver
100 g Joghurt

Muffinbackform

Ergibt 12 Muffins

Muffins mit weißer Schokolade
100 g weiße Kuvertüre
50 ml Sahne
Lebensmittelfarbe nach Belieben

Muffins mit Lemon Curd
Lemon Curd (Rezept Seite 68)

Muffins mit Zitronenglasur
1 unbehandelte Zitrone
150 g Puderzucker
2 cl Limoncello nach Belieben
pastellfarbene Blüten

Daisy Cakes

Diese winzigen Muffins mit Marzipan schmecken nicht sehr süß. Sie lassen sich hübsch als Gänseblümchen (englisch: *daisy*) dekorieren. Passend dazu gibt es kleine Backförmchen aus Papier. Alternativ eignen sich natürlich auch kleine Muffinformen.

Den Ofen auf 150 °C Umluft vorheizen. Die Butter in eine Schüssel reiben, das Marzipan hacken und mit dem Zucker unterrühren. Mit dem Handrührgerät zu einer glatten Masse verarbeiten, dann die Eier nacheinander unterrühren, bis eine flüssige und hellgelbe Masse entsteht. Das Mehl mit dem Backpulver in die Schüssel sieben und vorsichtig unterziehen. Die Milch angießen und die Rosinen nach Belieben unterheben.

Die flüssige Masse auf die Form verteilen, in die Mitte jedes Förmchens eine Belegkirsche drücken. Beim Backen sinkt sie ein. Ist das nicht gewünscht, einfach an der Unterseite in etwas Mehl tauchen, dann bleibt sie an der Oberfläche. Die Mandelplättchen wie kleine Gänseblümchenblättchen um die Kirsche dekorieren. Im vorgeheizten Backofen 15–18 Minuten goldbraun backen.

TIPP: Rosinen, Sultaninen und Korinthen sind aus britischem Backwerk nicht wegzudenken. Für viele Rezepte sind sie notwenig, aber für diese kleinen Happen nicht.

100 g Butter
100 g Marzipanrohmasse
1 EL Zucker
3 Eier
150 g Mehl
1 TL Backpulver
2 EL Milch
50–100 g Rosinen nach Belieben
24 Belegkirschen (Glacékirschen)
2 EL Mandelplättchen

Mini-Muffinform

Ergibt 24 Stück

Buttermilch-Sandkuchen

Natron ist im gesamten angelsächischen Raum ein typisches Triebmittel, das häufig für Muffins und anderes Kleingebäck verwendet und in Rezepten mit säuerlichen Zutaten wie Joghurt oder Buttermilch auftaucht. Es hält ewig und ist überdies auch ein nützlicher Haushaltshelfer.

Den Ofen auf 180 °C Umluft vorheizen. Die Butter und den Zucker in der Küchenmaschine oder mit dem Handrührgerät schaumig schlagen. Die Eier nacheinander unterrühren. Das Mehl mit dem Natron und dem Backpulver verrühren, einsieben und vorsichtig unterheben. Die Buttermilch schütteln und unterrühren. Der Teig ist nun recht flüssig. Eine Backform (klassisch ist dafür die Kastenbackform) mit Backpapier ausschlagen und den Teig einfüllen. Im vorgeheizten Backofen etwa 50 Minuten durchbacken.

TIPP: Der Kuchen harmoniert gut mit einer zitronigen Glasur. Den Saft von ½ Zitrone mit 250 Gramm gesiebtem Puderzucker verrühren und mit einem Pinsel auftragen. Nach etwa 1 Stunde ist die Glasur fest.

100 g Butter
160 g Zucker
3 Eier
220 g Mehl
½ TL Natron
½ TL Backpulver
250 ml Buttermilch

Ergibt 1 Kuchen

Battenbergs

Erfunden wurde dieser Kuchen 1884 anlässlich der Hochzeit von Prinzessin Victoria, Enkelin von Queen Victoria und Großmutter von Prinz Philip, dem Gemahl von Königin Elizabeth. Sie heiratete einen deutschen Prinzen mit dem Nachnamen Battenberg. Dieser so deutsch klingende Namen geriet 1914 mit Ausbruch des Ersten Weltkriegs in Verruf. Das englische Königshaus änderte seinen Namen zum englisch klingenderen Windsor. Prinz Battenberg nannte sich von nun an Mountbatten. Das untenstehende Rezept verriet exklusiv das St. James's Hotel and Club, London.

400 g zimmerwarme Butter
400 g feinster Zucker
8 Eier
400 g Mehl
1 Pck. Backpulver
4–5 Tropfen rosa Lebensmittelfarbe
1–2 Tropfen gelbe Lebensmittelfarbe
200 g Aprikosenmarmelade
800 g Marzipanrohmasse
3–4 TL Puderzucker

2 Kastenformen (20 cm)

Ergibt 1 Kuchen

Den Ofen auf 180 °C Umluft vorheizen. Die Kastenformen mit Backpapier auskleiden. Die Butter mit dem Zucker in einer Schüssel mit dem Handrührgerät schaumig schlagen, bis die Masse die Farbe verändert und hellgelb wird. Die Eier nacheinander unterrühren. Nun das Mehl mit dem Backpulver einsieben und alles vorsichtig glatt rühren.

Den Teig auf zwei Schüssel verteilen und nach Packungsangabe mit den Lebensmittelfarben rosa und gelb einfärben. Die Teige in die zwei Backformen einfüllen und 50–60 Minuten backen, bis der Teig gar ist. Aus den Formen stürzen und etwas abkühlen lassen.

Inzwischen die Aprikosenmarmelade in einem kleinen Topf erwärmen. Die Kuchen längs halbieren und an den Innenseiten mit Aprikosenmarmelade bestreichen. Zwei unterschiedlich gefärbte Kuchenstücke auf einer mit Backpapier ausgelegte Arbeitsfläche legen und fest aneinanderdrücken. Die restlichen zwei Kuchenstücke auf die gleiche Weise aneinanderkleben.

Die Oberfläche eines rosa-gelben Kuchenstücks mit Aprikosenmarmelade bestreichen. Darüber das zweite rosa-gelbe Kuchenstück als Schachbrett legen: Auf den gelben Untergrund kommt ein rosafarbenes Kuchenstück, auf den rosafarbenen Untergrund das gelbfarbene Kuchenstück. So entsteht ein Schachbrettmuster.

Nun die Marzipanrohmasse auf dem Backpapier zu einem dünnen Rechteck ausrollen. Sollte die Masse kleben, das Nudelholz mit Puderzucker einmehlen. Die Oberfläche und Seiten des Kuchens mit der restlichen Aprikosenmarmelade bestreichen, die Marzipandecke über den Kuchen stülpen und fest andrücken. Zum Servieren in daumendicke Stücke teilen.

TIPP: Die appetitliche und leicht schräge Farbkombination Pink und Gelb eignet sich auch schön für eine Glasur von Butterkeksen oder von Shortbread (Rezept Seite 38).

Teekuchen

Sherry und Tee harmonieren wunderbar, und wie Tee wird auch Sherry gerade wieder sehr modern.

Den Ofen auf 180 °C Umluft vorheizen. Die Trockenfrüchte fein würfeln und 30 Minuten in dem Sherry marinieren. Den Zucker mit den Eiern und dem Öl in einer Schüssel mit dem Handrührgerät mehrere Minuten verrühren, bis die Masse die Farbe verändert und luftig wird.

Das Mandelmehl unterheben. Das Weizenmehl mit dem Backpulver vermischen und einsieben. Alles gut miteinander verrühren. Die Zitrone heiß abwaschen, die Zesten abreiben und mit dem Schmand mischen. Dann in den Teig einarbeiten. Zuletzt die Trockenfrüchte mit der Sherrymarinade unterrühren.

Eine Kastenform mit Backpapier auslegen, den Teig einfüllen und 50 Minuten backen.

TIPP: Dieser Kuchen wird durch die Verwendung von Speiseöl besonders saftig. Rapsöl gibt überdies einen intensiven Gelbton, als wäre Safran im Spiel. Dieser Kuchen lässt sich wunderbar einfrieren.

200 g Trockenfrüchte
150 ml Sherry (kein Cream Sherry)
100 g Zucker
3 Eier
100 ml Speiseöl
100 g Mandelmehl
150 g Weizenmehl
1 Pck. Backpulver
1 unbehandelte Zitrone
150 g Schmand

Kastenform (22 cm)

Ergibt 1 Kuchen

Karottenkuchen mit Frischkäsecreme

Keine Sorge: Karottenkuchen schmeckt nicht nach Karotten, sondern saftig.

Den Ofen auf 150 °C Umluft vorheizen. Den Zucker und das Speiseöl in einer Schüssel mit dem Handrührgerät schaumig rühren, bis die Masse aufhellt und an Volumen zunimmt. Die Eier nacheinander unterrühren.

Das Mehl mit dem Natron, dem Backpulver und dem Zimt verrühren und vorsichtig unterziehen. Die Karotten schälen, raspeln und mit den Nüssen einrühren. Eine Kastenform oder Viereckbackform einfetten und mit Backpapier auslegen. Den Teig einfüllen und 60–70 Minuten backen.

Währenddessen die Butter mit dem Puderzucker verrühren und den Frischkäse unterrühren. Den etwas abgekühlten Kuchen damit bestreichen.

TIPP: Ganze Kuchen anstelle kleiner Teilchen sind in Großbritannien gerade wieder sehr im Kommen. Aber wer's lieber kleinteilig mag, kann diesen Kuchen auch in Muffinformen backen. Die Backzeit liegt dann bei ungefähr 18–20 Minuten.

200 g (brauner) Zucker
250 ml Rapsöl
4 Eier
300 g Mehl
je 1 TL Natron, Backpulver, Zimt
2 mittelgroße Karotten
100 g Nüsse nach Belieben
50 g Butter
50 g Puderzucker
200 g Frischkäse

Kastenform (22 cm)

Ergibt 1 Kuchen

London Cheesecake

Mit dem noch relativ leichten deutschen Käsekuchen aus Quark hat diese Version nichts zu tun. Der Belag besteht traditionell aus Frischkäse, Zucker und Eiern, und obendrauf kommt eine dicke Schmandhaube mit noch mehr Zucker und Eiern. Doch das ist oftmals dann wirklich *gilding the lily*, wie man auf Englisch sagt, wenn ausgedrückt werden soll, dass es des Guten zu viel ist. Dieses Rezept ist auch noch keine Light-Version, aber sie schmeckt trotzdem sehr fein.

150 g Kekse (z. B. englische Digestive Biscuits mit oder ohne Schokolade)
50 g Mandeln
1 EL Butter
3 Pck. Frischkäse à 175 g (kein Light-Produkt)
180 ml Schmand
3 Eier
1 unbehandelte Zitrone
40 g Zucker
1 Bourbonvanilleschote (alternativ 1 EL Vanilleextrakt)

Springform (Ø 20 cm)

Ergibt 1 Kuchen

Den Backofen auf 180 °C Umluft vorheizen. Die Kekse mit den Mandeln und der Butter zerdrücken. Eine Kuchenform damit auslegen und für mindestens 30 Minuten in der Tiefkühltruhe fest werden lassen.

Inzwischen für die Füllung den Frischkäse mit dem Schmand in einer Schüssel mit dem Handrührgerät mehrere Minuten glatt rühren. Die Eier nacheinander unterrühren. Die Zitrone heiß abwaschen, die Zesten abreiben, eine Zitronenhälfte auspressen. Beides mit dem Zucker vermischen und unter die Frischkäsemasse rühren. Die Vanilleschote längs halbieren und das Mark mit einem scharfen Messer herauskratzen. Ebenfalls unterrühren.

Ein Wasserbad vorbereiten (das macht die Füllung besonders luftig): Eine ofenfeste Form, die etwas größer als die Kuchenform ist, zur Hälfte mit kochendem Wasser füllen. Die Frischkäsefüllung in die vorbereitete Kuchenform gießen und glatt streichen. Die Kuchenform nun am Boden und den Seiten sehr sorgfältig mit Alufolie umwickeln, damit keine Feuchtigkeit in den Kuchen gelangen kann, und in das vorbereitete Wasserbad stellen. Zusammen 40–45 Minuten backen, bis die Füllung fester geworden ist.

Auskühlen lassen, dann abgedeckt 24 Stunden an einem kühlen Ort durchziehen lassen.

Zum Servieren am Backformrand mit einem scharfen Messer entlangfahren und die Füllung vom Rand trennen. Beim Aufschneiden ein sehr scharfes Messer benutzen und es zwischendurch in kaltes Wasser tauchen.

TIPP: Die ausgekratzte Vanilleschote nicht einfach wegwerfen, sondern zum Aromatisieren, beispielsweise von Salz, verwenden.

Bakewell Tart

Wie auch bei der Tarte Tatin stand ein Küchenunfall bei der Entwicklung dieser Tart Pate. Ein Verständnisfehler machte aus einem Dessert eine Tart.

Mehl, Puderzucker, 100 Gramm Butter und 1 Ei mit den Fingern zu einem Mürbeteig verarbeiten. Den Teig in Frischhaltefolie wickeln und mindestens 30 Minuten im Kühlschrank ruhen lassen.

Inzwischen den Ofen auf 200 °C Umluft vorheizen. Den Mürbeteig auf einer bemehlten Arbeitsfläche mit einem bemehlten Nudelholz rund ausrollen. Die Form einfetten, den Teig einpassen, mit einer Gabel einstechen und mit Backpapier abdecken. Auf dem Backpapier Backerbsen verteilen und auf dem Backofenboden 20 Minuten blind backen, bis er etwas fester geworden ist. Für die Füllung die restliche Butter mit den restlichen Eiern, dem Mandelmehl und den Zitronenzesten in einer Schüssel mit dem Handrührgerät verrühren. Die Backerbsen und das Backpapier entfernen. Die Backofentemperatur auf 180 °C reduzieren. Den vorgebackenen Teig einige Minuten abkühlen lassen, dann die Erdbeermarmelade auf dem Teigboden verstreichen. Die Mandelmasse darübergießen und glatt streichen. Noch einmal für 25 Minuten goldgelb backen.

200 g Weizenmehl
2 EL Puderzucker
200 g zimmerwarme Butter
5 Eier
80 g Zucker
150 g Mandelmehl
1 TL Zitronenzesten
100 g Erdbeermarmelade

Backerbsen, Tartform (Ø 20 cm)

Ergibt 1 Tart

Treacle Tart

Die bittersüße Lieblingstorte der Schüler von Hogwarts.

Das Mehl in eine Schüssel sieben. Mithilfe einer Käsereibe 100 Gramm der Butter hineinreiben, ein Ei hineinschlagen. Mit den Fingern schnell zu einem Teig verarbeiten. Bei Bedarf noch eine Eierschale kaltes Wasser einarbeiten. Den Teig in Frischhaltefolie wickeln und 30 Minuten im Kühlschrank ruhen lassen.

Inzwischen den Sirup in einen kleinen Topf geben und mit der übrigen Butter erwärmen. Die Zitrone heiß abwaschen, die Zesten abreiben, den Saft auspressen. Beides unterrühren, dann die Semmelbrösel dazugeben. Die Sahne und den Ingwer einrühren und den Topf vom Herd ziehen. Wenn die Füllung nur noch lauwarm ist, das übrige Ei verquirlen und unterrühren (ist die Füllung zu heiß, stockt das Ei).

Den Ofen auf 190 °C Umluft vorheizen. Den Teig ausrollen, in eine Tartform füllen und mit der Gabel einstechen. Nochmals kühlen. Dann mit Backpapier abdecken und mit Backerbsen belegen. 20 Minuten auf dem Ofenboden backen, dann wird der Boden schön knusprig. Nun die Füllung angießen und noch einmal 30 Minuten backen. Schmeckt warm oder kalt.

200 g Weizenmehl
100 g eiskalte Butter, zzgl. 2 EL
2 Eier
200 ml Golden Sirup
½ unbehandelte Zitrone
100 g Semmelbrösel
80 ml Konditorsahne
½ TL geriebener Ingwer

Backerbsen, Tartform (Ø 20 cm)

Ergibt 1 Tart

Eton Mess

Dieses Dessert wurde zum jährlich stattfindenden Cricketspiel zwischen Eton und dem Rivalen Winchester erfunden. Es findet mitten in der Erdbeersaison am 4. Juni statt.

3 Eiweiße
50 g Puderzucker
50 g Zucker
500 g reife Erdbeeren
200 ml Sahne
2 EL Portwein nach Belieben

Ergibt 3–4 Portionen

Den Ofen auf 120 °C Umluft vorheizen. Das Eiweiß mit dem Puderzucker und dem Zucker in einem Wasserbad bei geringer Hitze erwärmen, dann mit dem Handrührgerät oder in der Küchenmaschine steif schlagen. Nach Belieben mit einem Esslöffel oder einem Spritzbeutel Eiweißhäufchen auf ein mit Backpapier ausgelegtes Backblech geben. 50 Minuten backen, dann im Ofen abkühlen lassen.

Die Erdbeeren waschen, verlesen, halbieren. Die Hälfte der Erdbeeren pürieren und ggf. durch ein Haarsieb streichen. Die Baisers leicht zerdrücken. Die Sahne steif schlagen. Den Portwein nach Belieben mit dem Erdbeerpüree verrühren.

In einer großen Glasschüssel oder in Einzelgläsern (auch Champagnergläser oder -kelche eignen sich dafür) schichtweise Baisers, geschlagene Sahne und ganze Erdbeeren anrichten und mit dem Püree beträufeln.

TIPP: Das Dessert muss gar nicht perfekt aussehen und schmeckt tatsächlich am besten, wenn es ein bisschen vermatscht ist. Wer keine Lust oder Zeit hat, das Baiser selbst zu machen, kann auch 100 Gramm fertiges Baiser (Bäckerqualität) verwenden. Noch besser schmeckt es allerdings mit selbst gemachten Baisers. Dafür kann man über Monate alle Eiweiße einfrieren, die für andere Rezepte nicht verwendet wurden.

Fruchtiges zum Tee

EMIL KERN
Dresden-A.

Scones

Scones schmecken am besten ganz frisch gemacht. Ich persönlich mag sie klein, außen knusprig und innen krümelig, so wie in diesem Rezept.

200 g Mehl
½ TL Salz
1 TL Backpulver
½ TL Natron
2 EL zimmerwarme Butter
120 ml Buttermilch

runder Ausstecher (ca. 4–5 cm)

Ergibt 10–15 Stück

Den Ofen auf 180 °C Umluft vorheizen. Das Mehl mit dem Salz, dem Backpulver und dem Natron in eine Schüssel sieben. Die Butter mit einer Käsereibe zerkleinern und einkneten, danach die Buttermilch. Nur so lange rühren, bis der Teig zusammenhält. Geknetet werden muss er nicht. Den Teig auf eine bemehlte Arbeitsfläche geben und ca. 2 Zentimeter dick ausrollen. Mit einem Ausstecher Runde ausstechen. Ein Backblech mit Backpapier auslegen und die Teigrunde daraufgeben. Je nach Größe 10–12 Minuten backen. Noch warm mit Schmand und Orangen- oder Erdbeermarmelade servieren.

TIPP: In England werden Scones mit Clotted Cream serviert, die einige Anbieter in Deutschland tiefgekühlt verkaufen. Sie hat einen Fettgehalt von 55 Prozent und ist von der Konsistenz mit Crème double zu vergleichen. Da die Scones durch die Buttermilch einen leicht säuerlichen Geschmack bekommen, wäre allerdings Schmand kein minderwertiger Ersatz, sondern würde auch sehr gut passen.

Orangenmarmelade

Ein saisonales Ritual ergreift die Briten im Januar. Nur wenige Wochen sind die Seville-Orangen auf dem Markt, aus deren Schalen *marmalade* gemacht wird. Landesweit werden Wettbewerbe ausgerufen und gibt es endlose Diskussionen darüber, ob sie mit Whiskey, Campari, braunem Zucker, Zitronensaft oder Ingwer aromatisiert werden muss.

1 kg Seville-Orangen
2 unbehandelte Zitronen
1,5 kg Gelierzucker

4 sterilisierte Marmeladengläser
à 250 g Fassungsvermögen

Ergibt ca. 1 kg Marmelade

Die Zitrusfrüchte waschen, halbieren und auspressen. Die Kerne dabei auffangen. Nun die halbierten Orangen vierteln, und das Weiße mit einem Löffel herauskratzen. Am besten mit einem gezackten Grapefruitlöffel. Das Weiße mit den Kernen in ein Musselintuch geben, verknoten oder mit einem Bindfaden verschnüren. Die Orangenschalen in feine Streifen schneiden. Den Zitrussaft, die Zitronenhälften und die geschnittenen Orangenstreifen mit 3 Liter warmem Wasser und dem Musselintuch in einem Topf aufwallen lassen, dann abgedeckt 2 Stunden köcheln, bis die Schalen weich und glasig sind. Den Sud abkühlen lassen.

Das Musselintuch nun sorgfältig ausdrücken und das austretende Mus unter den Sud mit den Schalen rühren. Nun den Gelierzucker unterrühren, die Masse unter Rühren einmal aufkochen und köcheln lassen, bis die Marmelade nach 15–20 Minuten geliert. Die Marmelade in sterilisierte Gläser füllen und verschließen.

Orangentörtchen

Dieses kleine Gebäck ist überaus einfach, und die Orangencreme hält zwei Wochen im Kühlschrank.

Teig
100 g Mehl
1 Msp. Salz
50 g eiskalte Butter

Füllung
1 unbehandelte Orange
3 Eier
60 g Butter
60 g Zucker

1 Ausstecher (Ø 5 cm),
Mini-Muffinform (Ø 5 cm)

Ergibt 20–24 Törtchen

Das Mehl mit dem Salz in eine Schüssel sieben. Die Butter hineinreiben. Mit zwei Messern oder den Fingerspitzen zu einem Teig krümeln. Bei Bedarf 1 Teelöffel eiskaltes Wasser unterrühren, bis der Teig zusammenhält. Den Teig in Küchenfolie wickeln und mindestens 1 Stunde im Kühlschrank ruhen lassen.

Für die Orangencreme die Zesten von der Orange ziehen, die Orange auspressen. Schale und Saft in einer kleinen Schüssel im Wasserbad erwärmen. Die Eier, die Butter und den Zucker unterrühren. Nun die flüssige Masse unter ständigem Rühren mit einem Schneebesen bei mittlerer Hitze erwärmen. Weiterschlagen, bis die Masse etwas eindickt. Dann in ein Schraubglas umfüllen und abkühlen lassen. Den Ofen auf 180 °C Umluft vorheizen. Den Teig nicht zu dünn auf einer bemehlten Arbeitsfläche ausrollen. Mit dem Ausstecher Teigrunde ausstechen und in die Form geben. Form 10 Minuten auf dem Ofenboden backen, damit der Teig schön knusprig wird. Den Ofen ausschalten, die Törtchen noch mehrere Minuten nachziehen lassen. Die Törtchen mit der Orangencreme füllen und fest werden lassen.

TIPP: Alternativ ½ Rosmarinzweig oder 4–5 Basilikumblätter, 1 Esslöffel Ingwermarmelade oder ½ Teelöffel frisch geriebenen Ingwer beim Erwärmen zugeben und vor dem Umfüllen entfernen.

Blaubeermuffins

Nicht so süß, aber unglaublich blaubeerig.

120 g Butter
110 g (brauner) Zucker
2 Eier
250 g Mehl
1 TL Backpulver
100 g Joghurt (kein Magerjoghurt)
150 g Blaubeeren

Muffin- oder Papierförmchen

Ergibt 12 Muffins

Den Ofen auf 190 °C Umluft vorheizen. Die Butter und den Zucker mit dem Handrührgerät in einer Schüssel schaumig rühren. Die Eier nacheinander einarbeiten. Das Mehl mit dem Backpulver verrühren und unter die Masse sieben. Nur vorsichtig einkneten und den Joghurt unterrühren.

Die Blaubeeren verlesen, waschen, trocken tupfen und mit dem restlichen Mehl bestäuben, so verteilen sie sich beim Backen gleichmäßiger. Nun die Blaubeeren einrühren. Den Teig in eine Muffinbackform oder in einzelne Muffinförmchen aus Papier einfüllen und 15–18 Minuten im Ofen backen. Auf einem Teiggitter abkühlen lassen.

TIPP: Ein bereits aromatisierter Joghurt, beispielsweise mit Zitrone, gibt zusätzliches Aroma.

Schokotörtchen mit Beeren

Elegante Törtchen für Anfänger, die sich noch nicht an Mürbeteig herantrauen.

200 g Schokoladenkekse
2 EL Butter
100 g weiße Schokolade
50 ml Sahne
saisonale Beeren zum Garnieren

Tortelettesförmchen (Ø 8 cm), idealerweise mit lösbarem Rand

Ergibt 4–5 Törtchen

Die Schokoladenkekse in eine Plastiktüte geben und mit einem Nudelholz fein zerdrücken. Die Butter in einem kleinen Topf zerlassen. Den Keksbruch in eine Schüssel umfüllen und die Butter unterrühren. Etwa 4–5 Förmchen mit der Masse auskleiden und mit einem Esslöffel fest in die Form drücken.

Die Schokolade hacken, in einem Wasserbad schmelzen lassen, dann die Sahne unterrühren. Vom Herd nehmen und abkühlen lassen, damit die Creme fester wird. Creme in die Förmchen füllen.

Die Beeren verlesen, waschen, abtropfen lassen und die Schokoladentörtchen damit garnieren.

TIPP: Der Gegensatz zwischen der weißen Schokoladencreme und dem dunklen Teig ist ein reizvoller Kontrast. Wer weiße Schokolade zu süß findet, kann sie durch Zartbitterschokolade ersetzen.

Erdbeeren im Schokomantel

Ein Klassiker aus zwei Zutaten, der absolut anfängertauglich ist, auf jedem Buffet etwas hermacht und besonders gut mit perfekten Grundzutaten schmeckt, also mit reifen Erdbeeren und guter Schokolade.

500 g reife, große Erdbeeren
250 g Kuvertüre

Ergibt 10–15 Stück

Die Erdbeeren waschen und trocken tupfen, die Stiele nicht entfernen.

Die Kuvertüre hacken und in einem Wasserbad bei mittlerer Hitze schmelzen lassen. Ein Stück Alufolie oder Backpapier (50 x 30 Zentimeter) bereitlegen.

Die Kuvertüre vom Herd nehmen. Die Erdbeeren einzeln mit der Spitze bis zur Hälfte in die Kuvertüre tauchen und dann auf der Alufolie oder dem Backpapier trocknen lassen. Wenn die Kuvertüre zu zähflüssig wird, einfach noch einmal im Wasserbad erwärmen.

TIPP: Der französische Schokoladenfabrikant Valrhona, mit dem viele Sterneköche arbeiten, bietet weiße Kuvertüre in verschiedenen Farben an, beispielsweise in Lindgrün oder Rosa. Diese Farbkombination passt sehr gut zur etwas schrägen englischen Art.

Himbeertörtchen mit Meringue

Ein echter englischer Sommer, der – zugegeben – nicht jedes Jahr passiert, ist so ungefähr das Schönste, was man sich denken kann. Während andere Sommer klassisch vernieseln und es der Temperatur nach auch Frühling oder Herbst sein könnte, sorgen Sonnenstrahlen für konstant gute Laune. Diese leicht zu backenden und doch raffinierten Obsttörtchen passen wunderbar dazu.

Den Backofen auf 180 °C Umluft vorheizen. Das Mehl und das Salz in eine Teigschüssel sieben. Die Butter in kleine Stücke schneiden und mit leichtem Fingerdruck in das Mehl einarbeiten, bis die Mischung bröselig wird. Das Eigelb zugeben und mit dem Palettmesser unterheben. Mit 2–3 Esslöffeln eisgekühltem Wasser zu einem festen Teig binden.

Auf eine leicht bemehlte Arbeitsfläche geben und schnell und ohne zu viel Druck mit den Händen geschmeidig kneten. Den Mürbeteig ausrollen, die Tortelettesförmchen damit auslegen und am Boden mit einer Gabel mehrmals einstechen. Für 15 Minuten im Kühlschrank kalt stellen.

Je ein Stück Backpapier über den Teig in den einzelnen Förmchen legen und zur Hälfte mit den Backerbsen füllen. Im vorgeheizten Ofen 12 Minuten blind backen. Papier und Bohnen entfernen und nochmals 5 Minuten backen. Auskühlen lassen.

Währenddessen die Himbeeren waschen und trocken tupfen. Das Eiweiß in einer Schüssel steif schlagen, erst 1 Esslöffel, dann den Rest des Zuckers unterheben. Die Tortelettes mit den Himbeeren füllen und großzügig Eischnee daraufgeben. Im Backofen 10 Minuten backen, bis die Meringue goldbraun ist, und warm oder kalt servieren.

TIPP: Damit der Eischnee schön fest wird, muss er in einem sauberen, trockenen, fettfreien Gefäß geschlagen werden, am besten mit einer Prise Salz oder einem Spritzer Zitronensaft.

Teig
200 g Mehl
1 Prise Salz
100 g Butter
1 Eigelb

Füllung
250 g Himbeeren
3 Eiweiß
150 g feiner Zucker

8 Tortelettesförmchen (Ø 10 cm),
Backerbsen

Ergibt 8 Törtchen

Pavlova mit Lemon Curd und Beeren

Zu Ehren einer Balletttänzerin wurde dieses feine Dessert in den 1930er-Jahren erfunden, in Australien oder Neuseeland, darüber werden sich die kulinarischen Geschichtsschreiber nicht einig. Aber die englische Queen ist auch Queen of Australia und Queen of New Zealand. Es bleibt also in der Familie ...

200 g feinster Zucker
2 EL Speisestärke
4 Eiweiß
1 EL Weißweinessig
4 EL Lemon Curd
500 g saisonale Beeren

Ergibt 10–12 Portionen

Den Ofen auf 100 °C Umluft vorheizen. Den Zucker und die Speisestärke verrühren. Die Eiweiße mit dem Handrührgerät in einer Schüssel schaumig schlagen. Nun die Zucker-Stärke-Mischung in vier Portionen zugeben, immer wieder fest schlagen. Zum Schluss den Weißweinessig angießen und schlagen, bis die Masse gut streichfähig ist.

Ein Backblech mit Backpapier auslegen. Die Pavlovamasse in einem Kreis (etwa 20 Zentimeter Umfang) verstreichen, das muss nicht perfekt aussehen. Den Rand fingerlang etwas höher streichen, denn in die flachere Mitte werden später Lemon Curd und Beeren garniert. Die Pavlova 60 Minuten backen, dann im Ofen abkühlen lassen. Die Masse sollte zäh sein, nicht brüchig.

Zum Servieren den Lemon Curd in der Mitte verstreichen. Die Beeren verlesen, waschen, trocken tupfen, bei Bedarf halbieren und darüber anrichten.

Lemon Curd

Diese Zitronencreme schmeckt als Brotaufstrich oder zu Scones sehr gut.

2 unbehandelte Zitronen
3 Eigelb (die Eiweiß einfrieren oder für die Pavlova verwenden)
100 g feinster Zucker
80 g eiskalte Butter

Ergibt ca. 200 ml

Die Zitronen heiß waschen und trocknen, dann die Zesten abreiben und die Zitronen auspressen. Zusammen mit den Eigelben und dem Zucker in einer Schüssel gut mixen. Dann durch ein sehr feines Sieb streichen, sodass nur die Zitronenzesten zurückbleiben. Die Flüssigkeit dabei auffangen.

Die abgeseihte Flüssigkeit in einem Wasserbad bei mittlerer Hitze 5–7 Minuten mit einem Holzlöffel schlagen, bis sie etwas eindickt. Die Butter in Scheiben schneiden. Die Butterscheiben nacheinander mit einem Schneebesen in die Flüssigkeit schlagen; Profis schlagen eine Acht. Alle Butterstücke einarbeiten. Einige Minuten im Wasserbad abkühlen lassen, dann in ein sterilisiertes Glas abfüllen. Beim Abkühlen dickt die Masse etwas ein.

Trifle mit Seed Cake

Die Basis des Trifle ist ein Sandkuchen mit einem Hauch von Kümmel, der sogenannte Seed Cake. Er schmeckt natürlich nicht nach Kümmel, sondern sehr aromatisch.

Für die Crème anglaise Milch in einem kleinen Topf mit den Mandeln aufsetzen. Einmal aufwallen, dann 10 Minuten ziehen lassen. Nun die Mandelmilch im Mixer pürieren. Die Milch durch ein kleines Sieb in ein Wasserbad abgießen, damit die Mandelreste zurückbleiben. Nochmals erhitzen. Die Eigelbe mit der Sahne und dem Zucker verrühren und unterziehen. Die Flüssigkeit mehrere Minuten über dem Wasserbad schlagen, bis sie eindickt. Das geht gut mit einem Holzlöffel oder mit einem Quirl. Eine schöne, große Glasschale mit Seed Cake auslegen. Mit Alkohol beträufeln und die Beeren daraufschichten. Die Crème anglaise darübergeben und alles abgedeckt über Nacht im Kühlschrank durchziehen lassen. Alternativ kann der Trifle auch in Einzelportionen angerichtet werden, beispielsweise in 5–6 schön geschnittenen Whiskeygläsern.

TIPP: Die Crème anglaise ist der Bayerischen Creme nicht unähnlich. Hier wurde sie sehr mandelhaltig aromatisiert, dann benötigen die verwendeten Früchte auch keinen zusätzlichen Zucker.

200 ml Milch
50 g Mandeln
3 Eigelb
150 ml Sahne
40 g feinster Zucker
3–5 Scheiben Seed Cake
3 EL Sherry oder Brandy
300 g Beeren nach Belieben
(auch tiefgekühlt möglich)

Ergibt 5–6 Portionen

Seed Cake

Ein Kuchenklassiker aus dem 18. Jahrhundert, der eine Renaissance verdient hat. Das Besondere: Er wird mit Kümmel gebacken. Die Kunst liegt in der richtigen Dosierung. Ein Hauch und er schmeckt fein würzig und sehr lecker. Ein Hauch zu viel und er schmeckt seltsam. Lecker auch als Bestandteil des Trifle.

Den Ofen auf 170 °C Umluft vorheizen. Die Butter und den Zucker in einer Schüssel mit dem Handrührgerät schaumig schlagen. Die Eier nacheinander unterrühren. Das Mandelmehl und die Kümmelsamen mit dem Schmand verrühren. Kümmelsamen bei Wunsch zerkleinern. Dann alles unter den Teig ziehen. Zum Schluss das Mehl unterrühren. Eine Kastenform mit Backpapier auskleiden. Den zähflüssigen Teig einfüllen und im vorgeheizten Backofen 50–55 Minuten backen.

TIPP: Auf der Insel schwört man bei Muffins und Sandkuchen auf *self-raising flour*, Mehl also, dem bereits Treibmittel zugesetzt wurden. Wer keins zur Hand hat: Pro 150 Gramm Weizenmehl 1 gestrichenen Teelöffel Backpulver rechnen. Für dieses Rezept also 1 großzügigen Teelöffel Backpulver mit der Mehlmenge mischen.

100 g Butter
100 g Zucker
3 Eier
50 g Mandelmehl
1 TL Kümmelsamen
3 EL Schmand
180 g *self-raising flour*

Kastenform (22 cm)

Ergibt 1 Kuchen

Kakikuchen

Er schmeckt saftig, nicht so süß und passt zu Käse, Orangenmarmelade und Lemon Curd (Seite 68).

120 g Butter
200 g Cranberrys
60 ml Rum oder Brandy (alternativ 60 ml schwarzer Tee)
3 nicht zu reife Kaki
200 g dunkler brauner Zucker
2 Eier
250 g Mehl
1 TL Backpulver
3 EL Puderzucker

Kastenform (22 cm)

Ergibt 1 Kuchen

Den Backofen auf 180 °C Umluft vorheizen. Die Butter in einer kleinen, ofenfesten Form im Ofen zerlassen. Die Cranberrys in Alkohol oder in schwarzem Tee etwas marinieren.

Die Kaki schälen, halbieren und pürieren oder mit einer Gabel zerdrücken. Etwas stehen lassen.

Den Zucker in eine Rührschüssel geben und mit der zerlassenen Butter verrühren. Nun die Eier nacheinander unter den Teig geben und gut verschlagen. Das Mehl und das Backpulver in den Teig sieben und unterrühren. Die Cranberrys mit dem Einweichwasser sowie die Kakis unterziehen. Eine Kastenform mit Backpapier auslegen. Den recht flüssigen Teig einfüllen und in 60 Minuten goldbraun backen. Mit Puderzucker bestreut servieren.

TIPP: Kaki gehören zu den wenigen Früchten, deren natürlich süßes Aroma sich beim Einfrieren sogar intensiviert. Einfach schälen, hacken und in Gefrierbeuteln einfrieren.

Banana Bread

Für dieses Bananenbrot, das in der Konsistenz eigentlich ein Kuchen ist, eignen sich überreife Bananen.

125 ml Milch
2 vollreife Bananen
50 g Butter
140 g (brauner) Zucker
2 Eier
300 g Mehl
1 Pck. Backpulver
1 Handvoll Nüsse

Kastenform (22 cm)

Ergibt 1 Brot

Den Ofen auf 180 °C Umluft vorheizen. Die Milch mit den geschälten Bananen im Mixer oder mit dem Pürierstab zerkleinern. Die Butter und den Zucker in einer Schüssel mit dem Handrührgerät schaumig schlagen. Die Eier nacheinander unterrühren. Das Mehl mit dem Backpulver verrühren und gleichmäßig unter den Teig heben. Nun die Bananenmilch angießen und einarbeiten.

Eine große Kastenform mit Backpapier auslegen. Den Teig einfüllen, die Nüsse in einem schönen Muster als Dekoration auf dem Teig anordnen und das Bananenbrot 50 Minuten backen, bis es durch ist. Nach dem Auskühlen nach Belieben mit Puderzucker bestreuen.

TIPP: Wenn die Nüsse schon nachdunkeln, der Teig aber noch nicht durchgegart ist, können sie vor dem Bräunen durch Alufolie geschützt werden.

Victoria Sponge

Der englische Klassiker schlechthin: zarter Biskuitteig gefüllt mit Beeren und Sahne – das Leben kann so einfach sein. Wenn's aus Kübeln schüttet, behält man auf der Insel natürlich trotzdem die Contenance.

Den Ofen auf 180 °C Umluft vorheizen. Die Butter in einer ofenfesten Form im Backofen zerlassen. Aus dem Ofen nehmen und abkühlen lassen. Die Butter in einer Schüssel mit dem Zucker verrühren. Die Masse dabei so lange mit dem Rührgerät schlagen, bis sich ihr Volumen deutlich vergrößert hat und sie heller geworden ist. Die Eier trennen, die Eigelb unterrühren, die Eiweiß sehr steif schlagen. Das Mehl und das Backpulver verrühren und in den Teig sieben. Ganz vorsichtig einarbeiten, dann den Eischnee unterheben. Eine runde Kuchenform mit Backpapier auslegen. Den flüssigen Biskuitteig einfüllen und glatt streichen.

Etwa 20–25 Minuten goldbraun backen, in der Form noch 5 Minuten abkühlen lassen, dann auf ein Kuchengitter stürzen. Den Biskuit nun längs halbieren und die Innenseiten mit Marmelade bestreichen. Die Sahne schlagen und auf einer Hälfte anrichten. Das Obst verlesen, waschen, die Erdbeeren halbieren. Obst über der Sahne anrichten. Darüber die zweite Biskuitteigplatte legen und mit etwas Puderzucker bestreut servieren.

TIPP: Der Teig kann auch in einer viereckigen Kuchenform gebacken und in kleine Portionen geschnitten werden. Diese können dann in hübsche Muffinförmchen verpackt werden und wie im Kuchenrezept mit Schlagsahne und frischen Beeren garniert werden.

Biskuit
200 g Butter
200 g feinster Zucker
4 Eier
200 g Mehl
1 TL Backpulver

Füllung
4 TL Him- oder Erdbeermarmelade
250 g Sahne
500 g reife Him- oder Erdbeeren
3 EL Puderzucker

Springform (Ø 20 cm)

Ergibt 1 Kuchen

Summer Pudding

Ein kalorienleichtes, gekühltes Dessert. Schön zu Eistee und eine Resteverwertung der eleganten Art.

Das Kastenweißbrot erst in Scheiben und dann so zurechtschneiden, dass damit die verwendete Form ausgelegt werden kann. Die Rinde des Brots entfernen, die Form auslegen, dabei aber einige Brotscheiben als Deckel zurückbehalten. Die Früchte bei Bedarf kalt abbrausen, Stängel und Kerne entfernen. Vorsichtig trocken tupfen. Den Zucker in einem Topf mit 100 Millilitern Wasser bei leichter Hitze vollständig auflösen. Das Obst unterrühren und abgedeckt 2–3 Minuten ziehen lassen. Dann in die Form füllen und mit den restlichen Brotscheiben deckeln.

Den Summer Pudding mit einem passenden Teller abdecken und über Nacht im Kühlschrank durchziehen lassen. Vor dem Servieren die Sahne schlagen und zum gekühlten Summer Pudding dazureichen.

½ Kastenweißbrot (ca. 375 g) vom Vortag
1 kg reife Sommerfrüchte
150 g feinster Zucker
200 g Sahne

große Schüssel (2 l)

Ergibt 6 Portionen

Marmalade Cake

Wer die Geschmackskombination bittersüß mag, wird sich in diesen Kuchen verlieben.

150 g zimmerwarme Butter
150 g Zucker
3 Eier
100 g Orangenmarmelade (Seite 60)
150 ml Joghurt (mind. 3,5 % Fett)
200 g Weizenmehl
1 TL Backpulver

Kastenform (25 cm)

Ergibt 1 Kuchen

Den Ofen auf 180 °C Umluft vorheizen. Die Butter und den Zucker mit dem Handrührgerät in einer Schüssel mehrere Minuten schlagen, bis sich die Farbe verändert.

Die drei Eier nacheinander unterrühren. Nun die Orangenmarmelade und den Joghurt verrühren und einarbeiten. Das Weizenmehl und das Backpulver vermengen und in den Teig sieben. Den Teig nur noch vorsichtig verrühren, sonst verliert er beim Backen seine Saftigkeit.

Die Kastenform mit Backpapier auslegen, den flüssigen Teig einfüllen und 50 Minuten goldbraun backen.

TIPP: Im Handel gibt es niedliche Mini-Kastenformen aus Papier, die Backzeit halbiert sich dann ungefähr.

Zitronen-Mohn-Sandkuchen

Dieser eigentlich simple Kuchen funktioniert wegen des Zusammenspiels aus recht viel pikantem Mohn und sehr viel Zitrone. Ein absoluter Anfängerkuchen, auch schön, wenn Kinder mitmachen wollen.

150 g Butter
100 g (brauner) Zucker
3 Eier
2 unbehandelte Zitronen
200 g Weizenmehl
2 TL Backpulver
150 ml Milch
3 EL Mohn oder nach Belieben
100 g Puderzucker

Kastenform (22cm)

Ergibt 1 Kuchen

Den Ofen auf 170 °C Umluft vorheizen. Die Butter mit dem Zucker in einer Schüssel mit dem Mixer schaumig schlagen. Die Eier nacheinander einarbeiten – dieser Schritt darf ruhig etwas länger dauern. Die Zitronen heiß abwaschen und trocknen. Die Zesten abreiben und unterrühren, die Zitronen auspressen und zur Hälfte ebenfalls zum Teig geben. Das Mehl mit dem Backpulver verrühren und einsieben. Vorsichtig einarbeiten, dann die Milch angießen und den Mohn unterrühren.

Nun eine Kastenform mit Backpapier auslegen. Den Teig einfüllen und 50–55 Minuten backen, bis er gar ist. Den Kuchen aus dem Backofen nehmen und gleich mit einer Gabel in regelmäßigen Abständen einstechen. Den restlichen Zitronensaft mit dem Puderzucker verrühren und über den Kuchen gießen. Den Saft mit einem Pinsel fest in die kleinen Löcher drücken. Beim Abkühlen dringt der Saft in den Kuchen ein. Vor dem Servieren etwas ruhen lassen.

TIPP: Durch die kleine Zitronendusche zum Abschluss wird der Zitronen-Mohn-Sandkuchen schön saftig und frisch.

JAMES KEILLER & SON LTD
DUNDEE
MARMALADE

Apfel-Speck-Käse-Sandwich

Englischer Käse, allen voran Cheddar, hat in den letzten Jahren eine richtige Renaissance erlebt, weil viele kleine Käser der Ehrgeiz gepackt hat, aus den früher minderwertigen Käsesorten wieder etwas Leckeres zu machen. In Deutschland gibt es sie in gut sortierten Käsetheken oder auf Wochenmärkten.

6 Scheiben Frühstücksspeck
2 Scheiben Toastbrot
1 EL Chutney nach Belieben
1 Apfel
100 g Cheddarkäse

Ergibt 2 Sandwiches

Den Ofen auf 200 °C Umluft vorheizen. Den Frühstücksspeck in einer beschichteten Pfanne bei mittlerer Hitze ohne die Zugabe von Fett 3–6 Minuten knusprig braten. Auf Küchenpapier abtropfen lassen.

Das Toastbrot nach Wunsch toasten und mit Chutney bestreichen. Den Apfel waschen, halbieren, entkernen und in feine Scheiben schneiden. Auf das Chutney geben. Den Cheddarkäse in Scheiben schneiden und auf die Äpfel legen. Alles 3–5 Minuten im Ofen auf einem mit Backpapier ausgelegten Backblech backen, bis der Käse zerläuft. Inzwischen den Frühstücksspeck zerkrümeln. Die fertigen Sandwiches mit dem Frühstücksspeck bestreuen und warm servieren.

TIPP: Für ein gehaltvolleres Sandwich kann man das Chutney auch durch Zwiebelmarmelade ersetzen. Weniger geschmacksintensiv wird es durch ein wenig Butter anstelle des Chutneys.

Zwiebelchutney

Der klassische englische Essig heißt *Sarson's Malt Vinegar*, der in keiner ordentlichen Fish'n'Chips-Bude fehlen darf und in einer unverkennbaren und sehr ansprechenden Flasche abgefüllt ist.

1 Gemüsezwiebel
2 EL Pflanzenöl
2 EL Obstessig nach Wunsch
50 g dunkler brauner Zucker
Salz, schwarzer Pfeffer

Ergibt 1 Glas

Die Zwiebel schälen und fein hacken. Das Öl in einer Pfanne erhitzen. Die Zwiebel darin bei leichter Hitze 5 Minuten glasig dünsten, dann mit Essig ablöschen. Wenn der Essig verdampft ist, den Zucker unterrühren. Abgedeckt 30 Minuten köcheln, bis die Zwiebeln eine musige Konsistenz haben. Mit Salz und Pfeffer abschmecken und in ein Einweckglas füllen.

Eingelegte Orangen

Das süß-pikante Aroma passt schön zu Kochschinken. Vor dem Servieren einige Wochen durchziehen lassen. Der Reisessig aus dem asiatischen Lebensmittelladen ist dort das klassische Säuerungsmittel. Er schmeckt milder als unser Weißweinessig.

1 kg unbehandelte Orangen
300 ml Weißwein- oder Reisessig
300 g Zucker
2 Zimtstangen
½ TL Pimentkörner
½ TL Nelken
2 cm Ingwer

Ergibt ca. 1 kg

Die Orangen in feine Scheiben schneiden, die Kerne entfernen und in einem Topf mit kaltem Wasser bedeckt 20–30 Minuten köcheln lassen, bis die Schale weich ist.

Inzwischen den Essig mit dem Zucker in einem kleineren Topf erwärmen, bis sich der Zucker löst. Die Zimtstangen, Pimentkörner, Nelken und den geschälten und in Scheiben geschnittene Ingwer unterrühren.

Die Orangenscheiben aus dem Kochsud heben (Kochsud aufbewahren) und unter den Essig rühren. Noch 15 Minuten köcheln lassen, bis die Orangenscheiben ganz weich sind. Nun in sterilisierte Gläser abfüllen und bei Bedarf mit Kochsud auffüllen.

TIPP: Blutorangen eignen sich auch gut dafür. Optisch viel her macht ein Mix aus beiden Orangensorten.

Eingelegte Birnen

Dunklen braunen Zucker aus Zuckerrohr gibt es in Bioläden oder im Internet. Er hat einen malzigen Geschmack.

4 aromatische, reife Birnen
½ unbehandelte Zitrone
1 TL Pimentkörner
1 TL Nelken
2 cl Rum oder Cognac
3 EL dunkler brauner Zucker
3 EL Fruchtessig

Ergibt ca. 700 g

Die Birnen bei Bedarf schälen, halbieren, entkernen und grob hacken. Die Zitrone heiß abwaschen, trocknen und in Zesten reiben. In einem Töpfchen die Birnen mit den Zesten und dem Saft der Zitrone aufsetzen. Die restlichen Zutaten unterrühren. Abgedeckt 8–10 Minuten weich köcheln lassen.

TIPP: Diese Birnen passen sehr gut zu englischen Käsesorten und zu Kochschinken.
Als Essig eignen sich Fruchtessige aus Birne, Apfel oder Quitte sehr gut.

Mint Tea Mojito

Frische Minze und Senchatee eignen sich gleichermaßen gut für alkoholische Cocktails.

Die Minze kalt abbrausen und trocken schütteln. Im Mörser mit dem Zucker gleichmäßig zerdrücken. Alternativ Minze und Zucker in eine kleine Schüssel geben und mit dem Holzstößel zerdrücken.

Diese Masse in ein schönes, hitzebeständiges Glas füllen und mit 200 Millilitern heißem Wasser aufgießen. Etwas ziehen lassen.

Inzwischen die Limetten längs dritteln; so lassen sie sich leichter auspressen. Den Limettensaft mit Rum verrühren und unter den Minzetee rühren.

TIPP: Als erfrischende Variante anstelle des heißen Wassers eine Handvoll Eiswürfel crushen und unterrühren.

1 Handvoll frische Minze
1 EL brauner Zucker
2 Limetten
50 cl Rum

1 Mörser oder Holzstößel

Ergibt 1 Cocktail

Earl Grey Icetea

Wunderbar für ein Picknick: erfrischend, nicht zu süß und erst vor Ort je nach Geschmack mehr oder weniger intensiv zu servieren.

Den Tee mit 500 Millilitern kochendem Wasser in einer Kanne aufsetzen und 4 Minuten ziehen lassen.

Den Tee entfernen und den Zucker einrühren. Die Limette heiß abwaschen und trocknen, die Zesten abreiben und unterrühren. Die Limetten nun längs dritteln und auspressen. Den Saft ebenfalls unterrühren. Nach Belieben mit kaltem Wasser und Eiswürfeln aufgießen.

TIPP: Die erwachsene Variante schmeckt mit einem Schuss Gin. In New York beispielsweise heißt so etwas dann Mar-Tea-Ni und bezieht sich auf den klassischen Martini-Cocktail.

4 EL losen Earl Grey
(alternativ 8 Teebeutel)
100 g Zucker
2 unbehandelte Limetten

Ergibt 1,5–2 Liter

Pikantes zum Tee

Blinis mit Kaviar auf Avocadocreme

Blinis kann man kinderleicht selbst machen. Sie lassen sich gut einfrieren.

Die Mehle in einer Schüssel mit dem Salz und dem Backpulver verrühren. Die Eier trennen. Die Eigelbe unter die Mehlmischung ziehen, die Eiweiße in einer Schüssel mit dem Handrührgerät steif schlagen. Den Kefir unter die Ei-Mehl-Masse rühren. Den Eischnee vorsichtig unterheben. Der Teig sollte nun eine relativ flüssige Konsistenz haben. In einer beschichteten Pfanne 2 Esslöffel des Öls bei mittlerer Hitze erwärmen. Die Teigmasse esslöffelweise in die Pfanne geben und ausbacken. Wenn die Blinis an den Seiten fest werden, das dauert gut 1 Minute, gleich wenden. Fertig gebackene Blinis aus der Pfanne heben.

Für den Belag die Avocado halbieren, den Stein und die Schale entfernen. Die Avocado in einer kleinen Schüssel mit einer Gabel zerdrücken. Die Zitrone heiß abwaschen, mit einem Sparschäler die Schale in schmalen Streifen abschneiden und beiseitelegen. Die Zitrone auspressen, nach Belieben die Avocado damit beträufeln, dann pikant salzen und pfeffern. Die Blinis mit der Avocadocreme bestreichen, darüber eine Haube aus saurer Sahne setzen und den Forellenkaviar darauf anrichten. Die Zitronenschalenstreifen als Garnierung verwenden.

TIPP: Anstelle des Forellenkaviars kann natürlich auch Lachskaviar (Keta) verwendet werden.

Blinis

50 g Buchweizenmehl
150 g Weizenmehl
½ TL Salz
½ TL Backpulver
2 Eier
150 ml Kefir
3 EL Pflanzenöl

Belag

1 reife, aromatische Avocado
1 unbehandelte Zitrone
60 g saure Sahne
100 g Forellenkaviar
Salz, schwarzer Pfeffer

Ergibt 12 Blinis

Potted Shrimps

Eine sehr elegante und gleichzeitig kinderleichte Art, Nordseegarnelen (Krabben) zu servieren. Sie werden mit Muskatnussbutter versiegelt und mit Kresse und Zitronenscheiben appetitlich angerichtet.

Die Butter mit Muskat und Cayennepfeffer in einer Pfanne erhitzen. Die Krabben kurz kalt abbrausen, trocken tupfen, unterrühren und 1–2 Minuten garen, bis sie die Farbe verändern. Salzen und vom Herd ziehen. Die Krabben aus der Butter heben und in kleine Auflaufförmchen füllen. Gut in die Förmchen drücken, die Butter darübergießen und im Kühlschrank fest werden lassen. Auf einer großen Platte mit Kresse und Zitronenspalten nach Belieben garniert servieren.

TIPP: Dazu passt Toast Melba (Seite 89).

100 g Butter
1 Msp. Muskatnuss
1 Msp. Cayennepfeffer
500 g gepulte Krabben
Salz

4–5 Aufflaufförmchen (Ø 5 cm)

Ergibt 8–10 Portionen

Thunfisch in Sesamkruste

Am hübschesten sieht dieser edle Happen auf einem großen Löffel serviert aus, beispielsweise auf chinesischen Suppenlöffeln, die es für ganz wenig Geld in asiatischen Lebensmittelläden gibt.

50 g roher Thunfisch
2 EL Sesamsaat
2 EL Pflanzenöl
50 g Rucola
1 EL Sojasauce
Salz, schwarzer Pfeffer

Ergibt 4–6 Portionen

Den Thunfisch kalt abwaschen und sorgfältig trocken tupfen. Mit einem scharfen Messer in etwa 1,5 Zentimeter große Würfel schneiden. Die Sesamsaat in flache kleine Teller füllen und die Fischwürfel darin rollen. Das Öl in einer beschichteten Pfanne erhitzen, die Fischwürfel bei mittelerer Hitze rundum nur wenige Sekunden braten. Innen soll der Fisch glasig sein. Den Rucola verlesen, waschen, trocken schleudern und grob hacken. Mit Salz und Pfeffer bestreuen und die Thunfischwürfel daraufsetzen. Mit Sojasauce beträufelt servieren.

TIPP: Sehr dekorativ ist die Mischung aus weißer (enthülster) und schwarzer Sesamsaat. Sesamöl anstelle von Pflanzenöl verstärkt das Sesamaroma und ergänzt sich blendend mit grünem Tee.

Avocado-Krebsfleisch-Sandwich

Diese Sandwiches können ruhig ein dunkles Brot vertragen, beispielsweise Vollkorntoast oder Sauerteigbrot. Wenn das Brot getoastet ist, verliert es nicht die Form, ist aber auch etwas schwieriger zu essen.

4 Scheiben Brot
1 reife, aromatische Avocado
12 Basilikumblätter
½ Zitrone
200 g Krebsfleisch aus der Dose
1 reife, aromatische Tomate
1 Prise Zucker
Salz, schwarzer Pfeffer

Ergibt 8 Mini-Sandwiches

Das Brot nach Wunsch toasten, die Ränder wegschneiden. Die Avocado halbieren, den Kern entfernen, schälen und in einer Schüssel zerdrücken. Die schönsten Basilikumblätter als Garnitur beiseitelegen, die restlichen zerzupfen und unter das Avocadopüree rühren. Etwas Zitronensaft angießen und die Creme mit Salz und Pfeffer abschmecken. Auf den Brotscheiben verstreichen.

Das Krebsfleisch bei Bedarf abtropfen lassen, verlesen, mit dem restlichen Zitronensaft verrühren und ebenfalls würzen. Die Tomate mit heißem Wasser überbrühen, nach 1 Minute die Haut abziehen, halbieren und entkernen. In feine Würfel hacken, mit dem Zucker bestreuen und leicht salzen. Die Tomatenstückchen unter das aromatisierte Krebsfleisch heben und auf zwei Brotscheiben verteilen. Einen fingerbreiten Rand stehen lassen, sonst quillt die Füllung später heraus. Die Basilikumblätter so anrichten, dass sie am Rand zu sehen sind. Die unbelegten Scheiben nun auf die belegten Scheiben drücken und dabei die Füllung vorsichtig auch zum Rand hin drücken. Die Brote diagonal vierteln und servieren.

TIPP: Einen asiatischen Touch bekommen die Sandwiches mit ½ Teelöffel Zitronengras.

Lachssandwich mit Meerrettichcreme

Diese Sandwiches können auch mit einer dünneren Füllung zubereitet werden. Halbieren Sie die Lachsmenge und auch die anderen Zutaten.

Die Rinde des Toastbrots wegschneiden. Den Lachs ganz fein hacken. Den frischen Meerrettich schälen, in eine Schüssel reiben. Alternativ Meerrettich aus dem Glas verwenden. Den Meerrettich mit dem Schmand verrühren und pikant salzen und pfeffern.

Die Ränder des Toastbrots abschneiden. Nun die Toastscheiben mit der Meerrettichcreme bestreichen. Auf drei Brotscheiben den gehackten Lachs anrichten. Die unbelegten Seiten fest darüber andrücken. Die Lachssandwiches mit einem scharfen Messer diagonal in vier Dreiecke schneiden und mit der spitzen Seite nach oben anrichten.

6 Scheiben Toastbrot
200 g Graved Lachs
2 cm Meerrettichwurzel oder
1 EL Meerrettich aus dem Glas
4 EL Schmand
Salz, schwarzer Pfeffer

Ergibt 12 Mini-Sandwiches

Lachsmousse

Lachs als Mousse ist auch etwas für Leute, die die etwas feste Konsistenz von gegartem Lachs nicht so gerne mögen. Diese Mousse ist leicht und schmeckt fein, beispielsweise auf Toast Melba.

Den Ofen auf 180 °C Umluft vorheizen. Das Lachsfilet kalt abbrausen, trocken tupfen, würzen und mit etwas Zitronensaft beträufeln. Den Fisch in Alufolie wickeln und 15 Minuten im vorgeheizten Ofen garen.

Währenddessen den Räucherlachs ganz fein würfeln und mit Sahne, Calvados und Tabasco nach Belieben vermengen. Den gegarten Lachs mit Garsud zerpflücken und unter den Räucherlachs rühren.

Für den Toast Melba die Toastbrotscheiben toasten, dann mit einem scharfen Messer oder der Brotschneidemaschine längs durchschneiden und ein weiteres Mal toasten. Die Mousse bei Bedarf nachwürzen und nach Belieben scharf abschmecken. In Dipschalen füllen und zu diagonal aufgeschnittenem Toast Melba servieren, alternativ schon auf den Toastscheiben verstreichen.

TIPP: Wer eine feinere Konsistenz vorzieht, zerkleinert die Zutaten mit dem Pürierstab.

200 g Lachsfilet
Saft von 1 Zitrone
100 g Räucherlachs
50 ml Sahne
2 cl Calvados nach Belieben
3 Spritzer Tabasco nach Belieben
3 Scheiben Toastbrot
Salz, schwarzer Pfeffer

Ergibt 6 Portionen

Gurkensandwich mit Gurkenrelish

Jeder kennt diesen Klassiker: Er soll erfrischend schmecken und den Gaumen auf aromatischere Kombinationen vorbereiten. Hier ist eine modernere Version.

½ Salatgurke
1 TL Salz
1 EL Weißweinessig
1 EL Zucker
1 EL Senfsaat
6 Scheiben weißes Toastbrot
100 g Frischkäse
knackige Radieschenscheiben
schwarzer Pfeffer

Ergibt 9 Mini-Sandwiches

Die Salatgurke schälen und längs halbieren. Die Kerne mit einem Löffel herausschaben. Eine Salatgurkenhälfte mit dem Gemüseschäler in hauchdünne Gurkenscheiben hobeln, die andere ganz fein würfeln. Die Gurken auf zwei kleine Schüsseln verteilen und mit Salz bestreuen. Den Weißweinessig, den Zucker und die Senfsaat in einer kleinen Schüssel verrühren.

Inzwischen haben die Salatgurken Wasser gezogen; die Gurkenhobel und die Gurkenstückchen nun separat abseihen. Die Gurkenstückchen unter die Marinade ziehen. Von dem Toastbrot die Rinden entfernen. Alle Toasts auf einer Seite mit dem Frischkäse bestreichen. Die Radieschenscheiben waschen, trocken tupfen, darüberlegen. Das Gurkenrelish darüber verstreichen. Mit den restlichen Toastbrotscheiben deckeln und diese auf einer Seite mit dem restlichen Frischkäse bestreichen. Darüber die Gurkenstreifen legen. Die Sandwiches in schmale Rechtecke schneiden, auf einer Platte anrichten und gleich servieren.

TIPP: Radieschenblätter haben eine schöne Farbe und ein leicht pfeffriges Aroma. Sie passen gut zu Dips und haben überdies mehr Vitamin C als die Radieschenknollen selbst.

Canapés mit Erbsenpüree und Radieschen

Diese Canapés sind ganz einfach und wirken trotzdem – das macht die appetitliche Optik.

½ Roggenstange oder Baguette
150 g Erbsen
1 EL Butter
50 g Frischkäse
1 kleines Bund Radieschen
Salz, schwarzer Pfeffer

Ergibt 12–15 Canapés

Das Brot diagonal in etwa 1 Zentimeter breite Scheiben schneiden und nach Belieben toasten. Inzwischen die Erbsen mit der Butter in einem kleinen Topf 3 Minuten garen und dann im Garsud mit dem Pürierstab zerkleinern. Den Frischkäse unterrühren und die entstandene Creme pikant würzen. Einige knackige Radieschenblätter kalt abbrausen, trocken tupfen, fein hacken und unter die Creme rühren. Die Radieschen abtrennen, dabei etwas dekoratives Grün stehen lassen. Die Radieschen waschen und in feine Scheiben schneiden. Die Erbsencreme auf den Brotscheiben verstreichen und dicht mit Radieschenscheiben garnieren. Alternativ 2 Esslöffel gegarte Erbsen zur Dekoration beiseitelegen.

TIPP: Wenn es etwas pikanter schmecken soll: Frischkäse durch Ziegenfrischkäse ersetzen.

Coronation Chicken Sandwich

Zur Krönung von Königin Elizabeth II. wurde dieses Gericht mit den Aromen Indiens kreiert. Die waren vor fast 60 Jahren selbst in Großbritannien noch recht exotisch. Oft finden sich auch die allgegenwärtigen Rosinen in diesem Rezept. Das ist allerdings Geschmackssache.

Den Ofen auf 180 °C Umluft vorheizen. Das Fleisch kalt abspülen, trocken tupfen und mit Pflanzenöl, einem Spritzer Zitronensaft und Salz und Pfeffer einreiben. Das Fleisch nun fest in Alufolie wickeln und 15–20 Minuten im Ofen vollständig durchgaren. In der Zwischenzeit aus den restlichen Zutaten eine Creme zubereiten.

Das Fleisch mit den Fingern fein zerpflücken und mit dem Garsud unterrühren. Bei Wunsch noch nachwürzen. Die Rinde des Toastbrots entfernen, Brotscheiben nach Wunsch leicht toasten. Das aromatisierte Hühnerfleisch auf drei Hälften verstreichen, die anderen Hälften andrücken. Diagonal halbieren.

TIPP: Als Variante kann man die Sandwiches auch mit Salatblättern belegen. Dann müssen die Toastscheiben vorher mit Butter, Mayonnaise oder Schmand leicht eingestrichen werden.

400 g Hühnerbrustfilet
1 EL Pflanzenöl
½ Zitrone
1–2 EL Mangochutney
2 EL Mayonnaise
2 EL Schmand
1 TL Currypulver (Seite 95)
½ TL Kurkuma
1 Msp. Cayennepfeffer
6 Scheiben Toastbroat
Salz, schwarzer Pfeffer

Ergibt 6 Sandwiches

Assam Cookies

Nicht nur die Inder lieben Assamtee; er ist Grundbestandteil der klassischen Ostfriesenteemischung.

Die Schokolade grob hacken und bei mittlerer Hitze im Wasserbad zerlaufen lassen. Abkühlen lassen, bis sie zäher wird. Vor dem Glasieren noch ein zweites Mal im Wasserbad handwarm erwärmen.

Den Tee in einem Mörser zerkleinern und mit dem Rum verrühren. Die Butter mit dem Zucker schaumig schlagen. Die Eier nacheinander einarbeiten. Das Mehl und das Backpulver verrühren und in die Schüssel sieben. Vorsichtig unterrühren. Nun den zermörserten Tee und den Rum unterziehen. Die sehr klebrige Teigmasse auf Frischhaltefolie geben (eventuell mithilfe eines Palettmessers) und darin einwickeln und mindestens 1 Stunde im Kühlschrank ruhen lassen. Den Ofen auf 190 °C Umluft vorheizen. Den Teig zwischen zwei Schichten Frischhaltefolie ausollen und nach Belieben ausstechen und auf ein mit Backpapier ausgelegtes Backblech legen. Die Kekse 10 Minuten backen, bis sie innen durchgegart, aber noch sehr weich sind. Auf einem Kuchengitter abkühlen lassen. Anschließend mit der zuvor temperierten Schokolade überziehen und auf Backpapier abkühlen lassen.

200 g Bitterschokolade
3 EL losen Assamtee oder (alternativ 6 Teebeutel)
3 EL Rum
160 g Butter
160 g Zucker
2 Eier
320 g Mehl
2 TL Backpulver

Ergibt 30–35 Cookies

Käse-Schinken-Pickle-Sandwich

Das herzhafte Aroma englischer Käsesorten wird in diesem klassischen Sandwich mit *pickles* kombiniert, einem eingelegten und säuerlich abgeschmeckten Gemüse.

3 Scheiben Toastbrot
2 EL Mayonnaise
100 g englischer Käse
2 EL Pickles
100 g gekochter Schinken

Ergibt 1 Sandwich

Die Brotscheiben nach Wunsch toasten und auf einer Seite mit Mayonnaise bestreichen. Den Käse in Scheiben schneiden und mit 1 Esslöffel Pickles auf einer Toastbrotscheibe verteilen, mit einer zweiten Scheibe (Mayonnaiseseite nach oben) deckeln. Darüber den Schinken und die restlichen Pickles verteilen. Die dritte Brotscheibe (Mayonnaiseseite nach unten) darüberlegen, andrücken und das Sandwich längs halbieren.

TIPP: Pickles lassen sich mit einem Schuss Worcestershiresauce oder Tamarindenpaste noch intensiver aromatisieren.

Eier-Speck-Sandwich

Mein Lieblingssandwich, das ich mir jeden Morgen vor dem Gang zum Büro in einem altmodischen Sandwichladen in South Kensington schmieren ließ. Mittlerweile haben überall die Kettenrestaurants Einzug gehalten. Qualitativ sind sie nicht schlecht, aber ersetzen kaum den morgendlichen Schwatz mit meinem tätowierten Sandwichschmierer mit Cockney-Akzent und sizilianischen Wurzeln.

6 Scheiben Frühstücksspeck
3 Eier
2 EL Mayonnaise
1 Msp. englisches Senfpulver
2 Scheiben Toastbrot
schwarzer Pfeffer

Ergibt 1 Sandwich

Den Frühstücksspeck ohne weitere Fettzugabe in einer beschichteten Pfanne bei mittlerer Hitze 5–8 Minuten knusprig braten. Gleichzeitig die Eier 10 Minuten kochen; sie sollten nicht mehr wachsweich sein, aber dürfen auch nicht betonartig gekocht werden, dann bekommen sie den berüchtigten blauen Eigelbrand.

Den Speck auf Küchenpapier abtropfen lassen, dann grob zerbröseln. Die Eier abschrecken, pellen und hacken. Beides in einer kleinen Schüssel mit den restlichen Zutaten verrühren. Bei Bedarf salzen. Eine Toastbrotscheibe damit bestreichen, mit der anderen Hälfte deckeln. Diagonal in vier Teile schneiden. Zum 11-Uhr-Tee verzehren.

TIPP: Der kleine Hunger überfällt die Briten erst gegen 11 Uhr morgens. *Elevenses* heißt diese Zeit, zu der es einen Imbiss und natürlich Tee gibt. Das Mittagessen kann dann auch ausfallen.

Schinken-Currycreme-Sandwich

Das milde Schinkenaroma ergänzt sich sehr gut mit der aromatischen Currycreme. Currypulver lässt sich leicht selbst herstellen und hält an einem dunklen, trockenen Ort gelagert mindestens ein Jahr.

Die Zutaten für das Currypulver idealerweise in eine Gewürzmühle füllen und vor dem Mahlen schütteln. Nur so viel mahlen, wie gebraucht wird. Alternativ in einem dunklen Glasfläschchen an einem dunklen, kühlen Ort aufbewahren und nach Bedarf frisch mörsern.

Das Currypulver mit der Salatcreme, wahlweise dem Schmand, und dem Frischkäse in einer kleinen Schüssel verrühren. Mit Salz und schwarzem Pfeffer abschmecken.

Vom Toastbrot die Ränder abschneiden. Alle Brotscheiben mit Creme bestreichen; dabei am Rand vorsichtig arbeiten, damit keine Füllung herausquillt.

Nun den Schinken in schönen Lagen auf zwei Toastbrotscheiben verteilen, mit den übrigen Brotscheiben deckeln und in je drei längliche Sandwiches schneiden.

TIPP: Diese Sandwiches sollen tatsächlich hauchdünn sein. Hier passen krustige Brotsorten wie Baguette nicht so gut.

Mildes Currypulver
2 EL Koriandersamen
1 Msp. Pfefferkörner
2 EL Kreuzkümmelsamen
1 TL Kurkumapulver
2 TL Ingwerpulver
1 kleine getrocknete rote Chilischote

Sandwich
1 TL Currypulver
1 EL Salatcreme oder Schmand
2 EL Frischkäse
4 Scheiben Toastbrot
200 g gekochter Schinken, hauchdünn geschnitten
Salz, schwarzer Pfeffer

Ergibt 6 Mini-Sandwiches

Eiersalat-Brunnenkresse-Sandwich

Supersimpel und vielleicht auch deshalb ein Klassiker beim *afternoon tea*. Die feinen Sandwiches mit einer zarten Eier-Kresse-Füllung sind ideal für den kleinen Hunger auf etwas Herzhaftes.

6 Eier
1 kleines Bund Brunnenkresse (alternativ 2 Kistchen andere Kresse)
1 EL Mayonnaise
2 EL Schmand
4 Scheiben weißes Toastbrot
Salz, schwarzer Pfeffer

Ergibt 8 Mini-Sandwiches

Die Eier 9 Minuten kochen, dann abschrecken und pellen. Auf einer Reibe oder mit einem Eierschneider zerkleinern und in eine Schüssel geben. Die Kresse waschen, trocken schütteln, bei Bedarf die Blättchen von den Stängeln zupfen und fein hacken. Die Mayonnaise und den Schmand verrühren und mit der Kresse unter die Eier rühren. Pikant würzen.

Die Toastbrotscheiben entrinden. Die Eierfüllung auf zwei Brotscheiben verstreichen. Die beiden anderen Brotscheiben fest andrücken, die Ränder bei Bedarf säubern. Sandwiches mit einem scharfen Messer in kleine Würfel schneiden und gleich servieren.

TIPP: Auf der Reibe zerkleinerte Eier sehen hübscher aus und liefern auch ein feineres *mouth feel*. Solche Eier heißen Mimoseneier, weil sie an die zarten Blüten der eiergelben Mimosenblumen erinnern sollen.

Schinken-Ei-Cocottes

Besonders dekorativ sehen diese kleinen Aufläufe in Eierkochern aus Jenaer Glas aus. Eine überaus praktische Erfindung, ausnahmsweise nicht von der Insel.

4 Scheiben gekochter Schinken
4 Eier
4 EL Crème fraîche
2 EL Mandelplättchen
Salz, schwarzer Pfeffer

4 Eierkocher aus Jenaer Glas oder 4 Auflaufförmchen (5 cm)

Ergibt 4 Portionen

Den Ofen auf 180 °C Umluft vorheizen. Den Kochschinken fein würfeln. Die Eier und die Crème fraîche in einer kleinen Schüssel verrühren, zurückhaltend salzen und pfeffern. Die Schinkenwürfel unterrühren. Bei Wunsch jetzt noch nachsalzen.

Die Masse in Eierkocher oder Auflaufförmchen füllen und mit Mandelplättchen bestreuen. 15 Minuten backen, bis die Masse gestockt ist und die Mandelplättchen Farbe angenommen haben.

TIPP: Pikanter wird es mit Räucherschinken. Je nach Salzgehalt des Schinkens sollte die Eiercreme dann nur nachgewürzt werden.

Tee-Wachteleier im Kressebett

Wachteleier schmecken wie normale Eier, nur intensiver, denn die Winzlinge enthalten mehr Eigelb als normale Eier und lassen sich ähnlich wie Schokoladeneier auf einen Happs verspeisen.

16 Wachteleier
3 EL Sojasauce
1 EL Zucker
2 EL loser schwarzer Tee
(alternativ 3 Teebeutel)
2 Kistchen Kresse
unterschiedlich gefärbte Salze
(z. B. rosafarbenes Murray River Salt oder Hawaiian Black Lava Salt)

Ergibt 8 Portionen

Die Wachteleier in kochendem Wasser 3 Minuten garen. Aus dem Topf nehmen. Die Sojasauce, den Zucker und den Tee im Kochwasser 3 Minuten kochen, bis sich die Aromen verbunden haben und der Zucker gelöst ist. Inzwischen die Wachteleier vorsichtig auf einem Teller rollen, damit ihre Schale etwas brüchig wird. Die Schale jedoch nicht lösen.

Die Wachteleier wieder in den Topf mit den Aromen geben und den Topf vom Herd ziehen. Die Wachteleier 10 Minuten in der Infusion stehen lassen.

Die Kresse kalt abbrausen, trocken tupfen und auf kleine Teller oder Schälchen setzen. Die Wachteleier vorsichtig schälen (ihre Schale lässt sich nicht so leicht vom Eiweiß lösen). Die geschälten Eier, die jetzt durch den Tee marmoriert sind, in die Kressebeete setzen. Die Salze in unterschiedliche hübsche Gefäße füllen und dazureichen.

TIPP: Wenn's ganz schnell gehen soll, schmeckt das Rezept auch ganz einfach nur mit gekochten Wachteleiern. Die Kochzeit von 3 Minuten bleibt. Gut abschrecken, damit sich die Schale leichter lösen lässt.

Teabread

Dieses aromatische und lockere Brot ist nicht süß und schmeckt deshalb auch sehr gut zu Käse.

1 Pck. Hefe
3 EL flüssiger Honig
400 g Weizenmehl
2 EL loser schwarzer Tee
200 g gemischte Trockenfrüchte
1 Ei
2 EL Schmalz (ohne Grieben)
100 g Quark oder Schmand

Kastenform (25 cm)

Ergibt 1 Brot

Die Hefe in einer Schüssel mit 150 Millilitern warmem Wasser und dem Honig verrühren. Die Mischung 15 Minuten stehen lassen, bis sie schaumig wird. Dann 100 Gramm Mehl einrühren. Mit Frischhaltefolie abdecken und an einem warmen Ort 1 Stunde gehen lassen. Inzwischen den Tee mit 200 Millilitern Wasser aufbrühen, 5 Minuten ziehen lassen, dann abseihen. Die Trockenfrüchte darin einweichen. Das Ei mit Schmalz und Quark in einer kleinen Schüssel verrühren. Alle Zutaten, auch das Tee-Einweichwasser und zusätzlich 200 Gramm Mehl unter den Ansatzteig rühren. Kneten, bis er elastisch wird und glänzt. In einer Schüssel mit Frischhaltefolie abgedeckt an einem warmen Ort 1–3 Stunden auf das Doppelte gehen lassen, nochmals kneten, bei Bedarf das restliche Mehl esslöffelweise einarbeiten, bis der Backofen vorgeheizt ist.

Den Teig in eine mit Backpapier ausgelegte Backform geben und ein letztes Mal gehen lassen. Inzwischen den Ofen auf 200 °C Umluft vorheizen. Eine ofenfeste Tasse mit Wasser füllen und in den Ofen stellen. Das Brot 30 Minuten auf der Mittelschiene backen. Auf die Unterseite klopfen, klingt es hohl, ist es gar.

Käsemuffins

Diese Muffins lassen sich mit den unterschiedlichsten Käsesorten füllen, vom herb-aromatischen Sage Derby, der seine quietschgrüne Farbe durch Salbei bekommt, bis zum klassischen Cheddar.

1 Ei
250 ml Milch
50 g Butter
100 g aromatischer Käse
300 g Weizenmehl
1 EL Backpulver
1 Msp. Cayennepulver
1 Msp. Zitronenzesten

Muffin- oder Papierförmchen

Ergibt 12 Muffins

Den Ofen auf 200 °C Umluft vorheizen. Das Ei in einer großen Schüssel mit der Milch verrühren. Die Butter hineinreiben oder in Flöckchen zugeben. Den Käse ebenfalls reiben und unterrühren. Das Mehl mit dem Backpulver verrühren und einsieben. Das Cayennepulver und die Zitronenzesten ebenfalls zugeben. Die Masse mit einem Holzlöffel oder Spatel nur leicht vermengen, bis sich die Zutaten gleichmäßig verteilt haben.

Den Teig in die Backform oder in die Papierförmchen füllen. 15 Minuten backen, bis die Oberfläche goldbraun und etwas knusprig wird. Diese Muffins schmecken heiß und kalt.

Briesandwich mit Birnen

Brie ist ein Käse, der schön mit Obst harmoniert. Für dieses anfängertaugliche und gleichzeitig raffinierte Rezept wurde die klassische Geschmackskombination mit blauen und grünen Weintrauben mal variiert.

Den Ofen auf 190 °C Umluft vorheizen. Ein Backblech mit Backpapier auslegen und die Nüsse und das Toastbrot 2–3 Minuten Farbe annehmen und knusprig werden lassen. Inzwischen die Birne bei Bedarf schälen, dann halbieren, entkernen, in hauchdünne Scheiben hobeln und diese auf einem Teller auslegen.

Zitronensaft und Muskat verrühren und über die Birnen träufeln. Die Rinde des Brie nach Belieben entfernen, den Käse in Scheiben schneiden und gleichmäßig auf den Brotscheiben verteilen. Die gerösteten Nüsse grob hacken und fest in den weichen Käse drücken. Darüber die Birnenhobel anrichten.

TIPP: Für eine pikante Note kann man die Birnenscheiben mit etwas frisch gemahlenem schwarzem Pfeffer bestreuen. Süß wird es mit flüssigem Honig, der über die Birnen geträufelt wird.

80 g Nüsse nach Belieben
4 Scheiben Toastbrot
1 reife, aromatische Birne
einige Spritzer Zitronensaft
1 Msp. frisch geriebene Muskatnuss
200 g reifer Brie

Ergibt 4 Sandwiches

Kartoffelbrot

Brot selber backen ist auch ohne Brotbackmaschine wirklich kinderleicht und beeindruckt Gäste ungemein. Dieses Brot ist nicht herzhaft und passt ebenso gut zu Marmeladen wie zu pikanteren Belägen.

Die Kartoffel schälen, halbieren und in wenig Salzwasser 20 Minuten weich garen. Das Wasser nicht wegschütten, sondern beiseitestellen. Inzwischen die Milch mit der Butter handwarm erhitzen. In eine Schüssel geben, die Hefe und den Honig unterrühren und 10 Minuten stehen lassen, bis die Hefe aktiviert ist.

Das Mehl einsieben, die Kartoffel zerdrücken, unterrühren und 100 Milliliter vom Kartoffelkochwasser zugeben. Mehrere Minuten auf einer bemehlten Arbeitsfläche zu einem glatten Teig verkneten. Den Teig mit Frischhaltefolie abgedeckt an einem warmen Ort 2 Stunden auf das Doppelte aufgehen lassen. Teig nochmals gut durchkneten. Eine Kastenbackform mit Backpapier auslegen. Den Brotlaib in die Backform einpassen, mit Frischhaltefolie abdecken und an einem warmen Ort 1 Stunde gehen lassen.

Währenddessen den Ofen auf 220 °C Umluft vorheizen und eine kleine ofenfeste Schüssel mit Wasser füllen. Die Schüssel in den Ofen stellen, damit sich Dampf entwickelt, der für eine schöne Brotkruste sorgt. Direkt vor dem Backen des Brots die Hitze auf 180 °C drosseln. Das Brot 30 Minuten backen.

1 mittelgroße Kartoffel (ca. 2–3)
100 ml Milch
60 g Butter
1 Pck. Trockenhefe
2 EL flüssiger Honig
300–350 g Mehl

Kastenform (24 cm)

Ergibt 1 Brot

Sättigendes zum Tee

Welsh Rarebit

Die englische Version des Schweizer Käsefondues, mit englischem Bier. Die Schweizer trinken zu ihrem Käsefondue ganz klassisch übrigens keinen Wein, sondern schwarzen Tee.

Das Brot toasten. Inzwischen den Käse fein reiben und mit Bier, Salz und Pfeffer in einer beschichteten kleinen Pfanne zerlaufen lassen. Über dem getoasteten Brot verstreichen und mit Cayennepfeffer oder edelsüßem Paprikapulver bestreuen. Heiß servieren.

TIPP: Auch die Biere aus kleinen Brauereien, den sogenannten *Micro Breweries*, feiern gerade Comeback. Sie würden hier sehr gut passen. Alternativ tut's ein Guinness aber auch.

6 Scheiben Toast
200 g reifer englischer Käse
(z. B. Cheddar)
200 ml dunkles Bier
1 Msp. Cayennepfeffer
Salz, schwarzer Pfeffer

Ergibt 6 Toasts

Porridge

Haferschleim – das klingt ähnlich lecker wie Lebertran. Aber die nährenden und überaus gesunden Haferflocken erleben in London derzeit ein Comeback, ausgerechnet in den vielen Sandwichketten der Metropole. Die größte Kette unter ihnen verkauft 50.000 Portionen pro Woche. Dieses Porridgerezept ist lecker, sättigend, hat wenig Kalorien und gehört mittlerweile wieder aufs Frühstücksbuffet zu *English Breakfast Tea*. Echte Männer und Schotten essen ihn mit Salz.

Die Haferflocken, das Salz, die Milch und 50 Milliliter heißes Wasser in einem kleinen Topf aufsetzen und bei niedriger Hitze 4–5 Minuten unter ständigem Rühren erwärmen, bis sich ein Brei gebildet hat. In eine kleine Schüssel umfüllen, mit Maple Sirup oder Honig beträufeln und vor dem Servieren noch 2–3 Minuten quellen lassen.

TIPP: Das Qualität des Grundprodukts entscheidet, wie lecker der Porridge schmeckt. Reformhäuser und Bioläden haben meist eine größere Auswahl.

3 EL Haferflocken
1 Msp. Salz nach Belieben
150 ml Milch
1 EL Maple Sirup, Zucker, Honig
oder Meersalz

Ergibt 1 Portion

Datteln mit Hackfleischfüllung

Am besten schmecken die großen Medjool-Datteln, die es mittlerweile auf vielen Wochenmärkten lose gibt. Sie lassen sich überdies problemloser befüllen.

10 große oder
15 kleine entsteinte Datteln
100 g gemischtes Hackfleisch
1 TL Dukkah (siehe Tipp)
50 g Mandel- oder Haselnussmehl
1 Msp. Chilipulver
1 EL Olivenöl
Salz, schwarzer Pfeffer

Ergibt 10–15 Stück

Den Ofen auf 180 °C Umluft vorheizen. Die Datteln öffnen, bei Bedarf entsteinen und auf einem mit Backpapier ausgelegten Backblech nebeneinander auslegen.

Aus den restlichen Zutaten eine pikante Füllung zubereiten und in die Datteln füllen. Im vorgeheizten Backofen ca. 12 Minuten backen, bis das Fleisch gar ist und die Datteln erwärmt sind. Sofort servieren.

TIPP: Der klassische orientalische Appetithappen passt gut zu frisch aufgebrühtem Minztee. Für die Dukkah-Würzmischung 100 Gramm Sesamsaat mit 50 Gramm Koriandersamen, 2 Esslöffeln Haselnüssen und 2 Esslöffeln Kreuzkümmel mörsern und mit Salz und Pfeffer nach Geschmack würzen.

Scotch Eggs

Auf Facebook existiert sogar eine „Scotch Egg Appreciation Society", die diese mitnichten schottische, sondern englische Erfindung würdigen will. Sättigend, aber als ofengebackene Version nicht ganz so gehaltvoll wie traditionell frittiert.

5 Eier
250 g Brät
80–100 g Semmelbrösel

Ergibt 4 Portionen

Vier Eier in sprudelndem Wasser 8 Minuten wachsweich kochen. Inzwischen den Ofen auf 190 °C Umluft vorheizen. Die Eier abschrecken und pellen. Wenn sie nicht mehr ganz heiß sind, mit dem Brät umkleiden.

Das übrige Ei in einer Untertasse verquirlen. Die Semmelbrösel oder das Panko (siehe Tipp) in eine flache Suppenschüssel füllen. Die Eier nacheinander im Ei und dann in den Semmelbröseln wälzen.

Die Eier nebeneinander auf ein mit Backpapier ausgelegtes Backblech legen und 20–25 Minuten backen, bis sie knusprig sind.

TIPP: Besonders fluffig werden solche Panaden mit der japanischen Variante der Semmelbrösel, Panko. In vielen asiatischen Lebensmittelläden erhältlich.

Canapés mit Hühnchen und Sellerie

Typisch für die Nachmittagsteezeit sind natürlich die winzigen Sandwichhäppchen. Nicht jede Füllung eignet sich jedoch dafür. Dieser aromatische Belag schmeckt besser als Canapé.

Den Backofen auf 180 °C Umluft vorheizen. Die Hühnerbrust kalt abbrausen, vollständig trocken tupfen, mit Butter einreiben und würzen. In Alufolie wickeln und 15 Minuten im Ofen vollständig durchgaren lassen. Kurz vor Ende der Garzeit die Mandeln auf ein Backblech legen und im Backofen Farbe annehmen lassen.

Währenddessen den Sellerie putzen, die Fäden ziehen und fein hacken. Die Mandeln ebenfalls fein hacken, das Fleisch zerpflücken. Den Garsaft des Hühnchens auffangen und mit Crème fraîche verrühren. Alle vorbereiteten Zutaten unterziehen.

Das Brot diagonal vierteln oder in daumendicke Scheiben schneiden und mit dem Topping bestreichen. Das Selleriegrün waschen, trocken tupfen, zerpflücken und als Garnitur verwenden.

TIPP: Die Sandwiches können 1 Stunde im Voraus zubereitet werden. In diesem Fall das aufgeschnittene Brot 2–3 Minuten im Ofen mitrösten. Wenn es knuspriger ist, weicht das Topping es nicht so schnell auf.

½ kleine Hühnerbrust
1 EL Butter
2 EL Mandeln
2 Staudenselleriestangen mit Grün
1 EL Crème fraîche
½ Baguette (alternativ
4 Scheiben Toastbrot)
Salz, schwarzer Pfeffer

Ergibt 10–12 Canapés

Club Sandwich

Der Klassiker unter den Sandwiches ist stilvoll und elegant. Wallis Simpson soll es sogar eigenhändig für ihren Mann, den Herzog von Windsor, zubereitet haben.

1 kleine Hühnerbrust (ca. 150 g)
1 TL Butter
6 Scheiben Frühstücksspeck
1 EL Essig
2 Eier
1 reife Tomate
3 Scheiben Toastbrot
3 EL Mayonnaise
Salz, schwarzer Pfeffer

Ergibt 1 Sandwich

Den Ofen auf 180 °C Umluft vorheizen. Die Hühnerbrust kalt abspülen, sorgfältig trocken tupfen, würzen und mit der Butter einreiben. In Alufolie einwickeln und 20 Minuten im Backofen vollständig durchgaren lassen.

Inzwischen den Frühstücksspeck in einer beschichteten Pfanne bei mittlerer Hitze ohne die Zugabe von Fett 5 Minuten knusprig braten. Auf Küchenpapier abtropfen lassen.

Einen kleinen Topf mit Wasser und Essig erhitzen. Die Eier nacheinander in eine Untertasse aufschlagen. In das kochende Wasser einen Strudel rühren und die Eier nacheinander dort hineingleiten lassen. Falls die Eier ausfransen, mit zwei Esslöffeln in Form bringen. Alternativ einen Pochierer verwenden. Die Eier 4–5 Minuten pochieren. Das Eiweiß sollte fest sein.

Inzwischen die Tomate waschen und in feine Scheiben schneiden. Das Brot toasten und auf einer Seite mit Mayonnaise bestreichen. Das Hühnchenfleisch zerpflücken und auf einer Scheibe anrichten. Darüber die pochierten Eier schichten. Nun die zweite Toastbrotscheibe darauflegen und fest andrücken, dann lässt es sich hinterher leichter schneiden. Auf der zweiten Brotscheibe die Tomatenscheiben und den Speck, bei Wunsch etwas zerkleinert, verteilen. Mit der dritten Toastbrotscheibe deckeln. Diagonal halbieren oder vierteln und mit Zahnstochern feststecken.

TIPP: Häufig werden zum Club Sandwich ein kleiner Salat und Pommes Frites serviert. Dann ersetzt es ein Abendessen.

Roastbeef mit Yorkshire Pudding

Die klassische Beilage Yorkshire Pudding ist schon seit Jahrhunderten bekannt, stammt aber weder aus Yorkshire noch ist sie mit einem deutschen Pudding vergleichbar. Als knusprig-lockere Mehlspeise stillte sie einst vor dem teuren Fleischgang das erste Hungergefühl. Früher waren rechteckige Formen typisch, heute gibt es den Yorkshire Pudding auch als Einzelportionen, ungefähr so groß wie Windbeutel.

Roastbeef
2 kg Roastbeef
3 EL Olivenöl
2 EL Senfpulver
Salz, schwarzer Pfeffer

Yorkshire Pudding
100 g Mehl
2 Eier
180 ml Milch
3 EL Schmalz (ohne Grieben)
Salz, schwarzer Pfeffer

Muffinform

Ergibt 6–10 Portionen

Den Backofen auf 220 °C Umluft vorheizen. Das Fleisch kalt abbrausen und sorgfältig trocken tupfen. Erst mit dem Olivenöl und dann mit dem Senfpulver, Salz und Pfeffer einreiben. In eine Auflaufform geben und im Backofen 30 Minuten braten, bis es bereits eine Kruste bildet. Die Temperatur auf 160 °C drosseln und pro Pfund für *medium/rare* weitere 10 Minuten garen. Das Fleisch aus dem Ofen nehmen, mit Alufolie abdecken und mindestens 30 Minuten ruhen lassen.

Inzwischen den Ofen wieder auf 220 °C aufheizen. Das Mehl in eine Schüssel sieben und in der Mitte eine Vertiefung bilden. Die Eier mit der Milch und Salz und Pfeffer verrühren, in die Vertiefung geben und mithilfe eines Holzlöffels oder Schneebesens zu einem Teig verarbeiten.

Das Schmalz auf die Backform verteilen. Die Backform im Ofen heiß werden lassen. Die Backform mit einem Küchenhandtuch wieder aus dem Ofen nehmen. Den Teig – er ist recht flüssig – in die verwendete Backform gießen und 20–40 Minuten, je nach verwendeter Backform, goldbraun backen.

Währenddessen das Roastbeef quer zu Faser in eher dünne Scheiben aufschneiden, auf einer Platte anrichten und mit dem Bratensaft begießen. Die Yorkshire Puddings dazu heiß servieren.

TIPP: Fleischreste schmecken am nächsten Tag prima in einem Steak Sandwich (Rezept Seite 116). Dieses Gericht ist typisch für ein Abendessen. Am besten passen stärkere Tees dazu, auch Ceylon.

Steak Sandwich

Die aromatische, großblättrige Brunnenkresse ist in Großbritannien so allgegenwärtig wie unsere heimischen Kressekistchen. Allerdings schmeckt sie wesentlich intensiver und ist viel gesünder. Mittlerweile gibt es sie schon auf gut sortierten Wochenmärkten. Alternativ schmeckt das Steak Sandwich – nicht ganz englisch, aber trotzdem lecker – mit Sauerampfer.

1 Ciabattabrötchen
200 g Rumpsteak (oder Reste vom Roastbeef, Rezept Seite 115)
1 EL Rapsöl
2 EL Senf nach Wunsch
1 EL Butter
1 Handvoll Brunnenkresse oder Sauerampfer
Salz, schwarzer Pfeffer

Ergibt 1 Sandwich

Den Ofen auf 180 °C Umluft vorheizen. Das Ciabattabrötchen bei Wunsch im Ofen antoasten. Das Steak in Küchenfolie wickeln und mit einem Plattiereisen oder einer Bratpfanne etwas breiter klopfen. Dann kalt abspülen und vollständig trocken tupfen. Das Rapsöl in einer Pfanne erhitzen und das Steak darin von jeder Seite 2 Minuten anbraten, salzen und pfeffern. Den Backofen ausschalten und das Steak mit der Pfanne im abkühlenden Ofen je nach gewünschtem Gargrad 5–10 Minuten ruhen lassen.

Inzwischen das Brötchen halbieren. Eine Hälfte mit Senf, die andere mit Butter und Bratensatz bestreichen. Die Brunnenkresse oder den Sauerampfer verlesen, waschen, trocken schütteln und grob hacken. Das Steak auf eine Brötchenhälfte legen, darüber die Kräuter anrichten, mit der anderen Brötchenhälfte deckeln. Lässt sich sehr appetitlich auch halbiert in altmodischen Butterbrottüten anrichten.

TIPP: Aus den Kräutern lässt sich natürlich auch eine aromatische Kräuterbutter herstellen. Dann die Senf-Butter-Menge einfach umdrehen – also 2 Esslöffel Butter, 1 Esslöffel Senf – und die Kräuter sehr fein hacken oder pürieren.

Hero Sandwich

Dieses „heldenhafte", nämlich sehr sättigende Sandwich, stammt eigentlich aus der italienischen Einwandererkultur New Yorks. Aber eben weil es sehr sättigend ist, wird es auch in England immer beliebter, vor allem bei Studenten, die dort wie hier kein Geld haben.

½ italienisches Sauerteigbaguette
3 EL Olivenöl
1 EL Essig
1 TL Senf
½ kleine Knoblauchzehe
4 Peperoncini
4 getrocknete Tomaten in Öl
4 Blätter Eisbergsalat
100 g Mortadella, hauchdünn geschnitten
100 g Salami, hauchdünn geschnitten
100 g Provolone, hauchdünn geschnitten
Salz, schwarzer Pfeffer

Ergibt 2 Sandwiches

Das Baguette längs einschneiden, aber nicht vollständig durchtrennen. Mit den Schnittflächen nach oben auf eine Arbeitsfläche legen.

Aus Olivenöl, Essig, Senf, Salz, Pfeffer und der abgezogenen und fein gehackten Knoblauchzehe ein cremiges Salatdressing mixen. Das Dressing mit einem Küchenpinsel auf den Schnittflächen verstreichen. Die Peperoncini und die getrockneten Tomaten fein hacken und über die Schnittflächen streuen.

Den Eisbergsalat waschen, trocken tupfen, in mundgerechte Stücke teilen und auf einer Brothälfte anrichten. Darüber nun im Wechsel Mortadella, Salami und Provolone schichten. Die zweite Brothälfte als Deckel darüberklappen. Bei Wunsch fest mit Küchenfolie umwickelt im Kühlschrank mindestens 1 Stunde durchziehen lassen.

TIPP: Dieses Sandwich ist ideal fürs Picknick.

Melton Mowbray Pork Pie

Ein Klassiker, der ursprünglich nur aus einem Ort kam, Melton Mowbray in Leicestershire. Das beeindruckende Städtchen produziert auch Stilton, einen weiteren englischen Klassiker. Die gehaltvollen Pasteten sind ideal fürs Picknick und für unterwegs. Achtung: Ruhezeiten einkalkulieren.

300 g Weizenmehl
2 Eigelb
100 g Schmalz (ohne Grieben)
80 ml Milch
750 g mageres Schweinefleisch
1 TL Thymian
1 TL Salbei
1 TL Piment
8 Spritzer Worcestershiresauce
200–250 ml Brühe
1 Eiweiß
6 Blatt Gelatine (oder 1 Tütchen)
Salz, schwarzer Pfeffer

Pastetenform oder
individuelle Auflaufförmchen

**Ergibt 1 große oder
6–8 kleine Pasteten**

Das Mehl in eine Schüssel sieben. In die Mitte eine Vertiefung drücken und 1 Eigelb einrühren. Das Schmalz und die Milch in einem kleinen Topf bei mittlerer Hitze erwärmen, bis das Schmalz geschmolzen ist und die Milch kocht. Noch heiß unter das Mehl rühren und mit einem Holzlöffel gut vermengen. Bei Bedarf noch etwas kaltes Wasser zugeben, bis sich ein Teig kneten lässt. Den Teig in Küchenfolie wickeln und mindestens 30 Minuten im Kühlschrank ruhen lassen.

Währenddessen das Fleisch würfeln, in eine Schüssel geben und mit den Gewürzen und 2 Esslöffeln Brühe vermengen. Den Ofen auf 200 °C Umluft vorheizen.

Den Teig auf einer bemehlten Arbeitsfläche ausrollen. Eine Pastetenform oder individuelle Auflaufförmchen damit auskleiden. Die Fleischfüllung hineingeben und den restlichen Teig als Deckel ausrollen. Das Eiweiß verquirlen, auf den Teigrand streichen und den Deckel darauf festdrücken. Mit einer Gabel Verzierungen einstechen. Falls noch Teig übrig ist, kann dieser als Dekoration verwendet werden. In die Mitte der Pastetenformen ein Loch (Ø 5 Millimeter bei kleinen Pasteten, 1,5 Zentimeter bei großen) schneiden. Die Pastete etwa 20 Minuten backen, dann die Hitze auf 160 °C drosseln und weitere 30 Minuten backen. Das zweite Eigelb verquirlen und auf dem Pastetendeckel verstreichen. Kleine Pasteten noch ca. 20 Minuten backen. Eine große Pastete noch 60 Minuten backen. Aus dem Ofen nehmen und vollständig abkühlen lassen.

Inzwischen die übrige Brühe erhitzen und die Gelatineblätter nach Packungsangabe darin auflösen. Alternativ die gemahlene Gelatine nach Packungsangabe verwenden. Die Flüssigkeit nun vorsichtig und in mehreren Schritten in das Loch gießen. Zwischendurch immer einige Minuten warten, bis sie in die Hohlräume, die durch das Backen im Ofen entstanden sind, geflossen ist. Die benötigte Menge kann je nach Fettgehalt des Fleisches oder Größe der Pastete variieren. Die fertig gefüllte Pastete über Nacht in den Kühlschrank stellen, damit die Gelatine sich mit dem Fleisch zu einer schnittfesten Masse verbindet. Die Pastete wird kalt serviert.

TIPP: Schmalz findet sich häufiger in der traditionellen englischen Bäckerei, denn es liefert eine angenehme, etwas knusprige Konsistenz, fast ein bisschen an Blätterteig erinnernd. Gänseschmalz ist besonders fein und wenn man es selbst macht, weiß man auch, was drin ist.

Indische Mini-Lammburger

Brioche, das hier verwendete Brötchen, ist zwar französischen Ursprungs, aber die französische Backtradition ist in Londons Konditoreien schon seit über 100 Jahren beheimatet. Der Briocheteig passt natürlich auch zu süßen Sachen und fein-aromatischen Tees wie weißem Tee. Achtung: Ruhezeiten einkalkulieren.

Für den Starter des Briocheteigs 100 Gramm Mehl mit 1 Messerspitze Hefe, 1 Ei, dem Zucker und 3 Esslöffeln warmem Wasser in einer kleinen Schüssel verrühren. Mit Frischhaltefolie abdecken und mindestens 6 Stunden, idealerweise über Nacht, an einem warmen Ort gehen lassen.

Nach dem Ruhen die restlichen Zutaten für den Teig mit dem Starter in einer größeren Schüssel verrühren. Die Butter in einem kleinen Topf zerlassen und zugeben, mit einem Holzlöffel gut durchrühren. Der Teig ist nun sehr flüssig.

Den Teig mit Küchenfolie abdecken und an einem warmen Ort 2 Stunden auf das Doppelte gehen lassen. Dann im Kühlschrank 1 Stunde kühlen. Nun wird der Teig fester. Den Teig in gut eingefettete Formen nach Wunsch (z. B. Mohrenkopfform) füllen und abgedeckt an einem warmen Ort noch 1 Stunde gehen lassen.

Inzwischen den Ofen auf 190 °C Umluft vorheizen und die Brötchen darin 15 Minuten goldgelb backen. Auf einem Gitter auskühlen lassen.

Das Hackfleisch für die Lammburger in eine Schüssel geben. Mit den restlichen Zutaten würzen und mit einer Gabel vermengen. Ein Backblech mit Backpapier auslegen. Aus dem Fleisch walnussgroße Kugeln rollen und nebeneinander auf das Backblech legen. Im Backofen bei 190 °C etwa 15 Minuten backen, bis sie gar und etwas knusprig sind.

Währenddessen die Sahne und den Schmand in einer kleinen Schüssel verrühren. Die Zitrone heiß abwaschen, trocknen, dann die Zesten abziehen und unterrühren. Die Creme mit Salz und Pfeffer pikant abschmecken.

Zum Anrichten die Briochebrötchen vorsichtig (sie bröseln leicht) längs halbieren. Die Schnittflächen mit Creme bestreichen, die Burger längs halbieren, auf einer Seite anrichten, mit der anderen Seite deckeln.

TIPP: Viele Fleischerfachgeschäfte drehen Lammfleisch nur morgens als Erstes oder abends als Letztes durch den Fleischwolf. Am besten nachfragen.

Briocheteig

300 g Weizenmehl
1 Pck. Hefe
3 Eier
1 EL Zucker
100 g Butter
Salz

Mini-Lammburger

250 g Lammhack
150 g Rinderhack
½ TL Worcestershiresauce
1 Ei
80 g Mandelmehl
3 EL Gomasio
3 Tropfen Tabasco
1 EL gemörserter Schwarztee
Salz, schwarzer Pfeffer

Creme

4 EL Sahne
100 g Schmand
½ unbehandelte Zitrone
Salz, schwarzer Pfeffer

1 Mohrenkopfform

Ergibt 16 Mini-Burger

Shrimpscocktail-Sandwich

Der klassische Shrimpscocktail hat einen schönen Retrotouch und passt überdies gut zu klassischen schwarzen Tees. Am besten schmeckt er für meine Begriffe mit den kostspieligen Süßwassergarnelen. Als Sandwich wirds dann nicht ganz so teuer.

6 Garnelen, idealerweise mit Schale
2 EL Butter
einige Spritzer Zitrone
3 EL Mayonnaise
2 EL Schmand
1 EL Ketchup
1 Msp. Cayennepfeffer
1 Schuss Gin oder Wodka
4 Scheiben Brot nach Belieben
Salz, schwarzer Pfeffer

Ergibt 2 Sandwiches

Die Garnelen waschen, trocken tupfen und in einer Pfanne in Butter von beiden Seiten 3 Minuten braten, bis sie die Farbe verändern und am Schwanzende nicht mehr glasig sind. Nun mit Zitronensaft ablöschen. Noch einige Minuten ruhen lassen, dann schälen und längs halbieren. Die Schalen gegebenenfalls für Krebsbutter (siehe Tipp) verwenden.

Aus den restlichen Zutaten ein Dressing mixen und die Garnelen darin wenden. Etwas Dressing zum Bestreichen von zwei Brotscheiben verwenden. Die marinierten Garnelen auf den restlichen Scheiben verteilen, die anderen Scheiben andrücken, diagonal halbieren oder bei Wunsch vierteln.

TIPP: Die Schalen von Krustentieren lassen sich gut für eine aromatische Krebsbutter verwenden. Nach dem Garen hacken und mit etwas Wasser und Butter 20 Minuten köcheln lassen, bis das Wasser verkocht ist. Dann abseihen, in ein Töpfchen füllen und fest werden lassen. Wer Krustentieraroma schätzt verwendet diese Butter zum Bestreichen der Sandwiches. Alternativ kann die Butter eingefroren werden und zum Aufpeppen von Fischfonds verwendet werden.

Mit Tee geräucherter Lachs

Mit Tee zu räuchern ist eine traditionelle Zubereitungsart. Wichtig: Die richtige Teesorte. Der ohnehin rauchige Lapsang Souchong eignet sich gut dafür, aber das ist wahrlich kein Einsteigeraroma. Wenn Sie es also nicht ganz so intensiv mögen, bietet sich Assamtee an.

400 g Lachsfilet
50 g brauner Zucker
2 EL Reis
50 g losen Schwarztee
½ Zitrone
2 EL Schmand
Salz, schwarzer Pfeffer

Wok mit Rosteinsatz,
1 m Alufolie

Ergibt 2–3 Portionen

Das Lachsfilet kalt abspülen, sorgfältig trocken tupfen. Einen Wok mit Alufolie auskleiden und an allen Seiten einen breiten, etwa 10 Zentimeter hohen Rand stehen lassen. Auf dem Wokboden den Zucker, den Reis und den Schwarztee verrühren. Nun den Rosteinsatz einhängen und den Deckel schließen. Den Wok bei höchster Hitze und bei geschlossener Küchentür und offenem Fenster 10 Minuten ganz heiß werden lassen.

Das Lachsfilet salzen und pfeffern und auf den Rost legen. Den Wokdeckel fest andrücken und die überstehende Alufolie an den Seiten hochklappen, damit so wenig Dampf wie möglich entweicht. Den Fisch nun 5 Minuten räuchern. Den Wok mit dem Fisch dann vom Herd ziehen und 10 Minuten bei geschlossenem Deckel stehen lassen. Der Lachs muss nicht vollständig durchgegart sein, sondern kann innen ruhig noch etwas glasig sein.

Inzwischen die Zitrone auspressen und in einer kleinen Schüssel mit dem Schmand verrühren. Salzen und pfeffern. Das Lachsfilet in fingerdicke Stücke schneiden und mit etwas Zitronencreme bestreichen.

TIPP: Der Räuchermix aus Zucker, Reis und Tee kann durch Aromaten abgewandelt werden. Sternanis, Zimtstangen oder getrocknete Zitrusschale eignen sich beispielsweise gut dafür.

Tomatenbrot mit Gentleman's Relish

Auf der Insel liebt man Würzpasten und Chutneys aller Art. Tatsächlich hat diese Paste ihren Ursprung allerdings im altrömischen Garum. Seit 1828 fertigt es ein kleines britisches Unternehmen nach geheimer Rezeptur. Das nachstehende Rezept ist meine Version.

Gentleman's Relish
80 g Butter
1 Msp. frisch geriebene Muskatnuss
1 Prise Cayennepfeffer
1 kleine Dose Anchovies (ca. 50 g)

Tomatenbrot
1 Scheibe Bauernbrot
1 große reife Tomate

Ergibt 1 Brot

Für das Gentleman's Relish die Butter in einer kleinen Pfanne erhitzen, Muskat und Cayennepfeffer einrühren. Die Anchovies abtropfen lassen, zerdrücken und unter die aromatisierte Butter rühren. Bei Wunsch noch salzen und pfeffern.

Für das Tomatenbrot die Brotscheibe dünn mit Gentleman's Relish bestreichen. Die Tomate waschen, fein schneiden und daraufschichten.

TIPP: Gentleman's Relish passt zu vielen Gerichten und peppt beispielsweise Omelette auf. Zu diesem Gericht passen kräftige Tees in Kombination mit einem nicht zu gehaltvollen, aber stärkenden Abendessen. Besonders hübsch sieht das Tomatenbrot mit unterschiedlich gefärbten Tomaten, z. B. gelbe oder bräunliche, aus. Diese Sorten gibt es mittlerweile sogar schon in vielen Supermärkten.

Pilzragout

***Eggs on toast*, also Eier auf Toast, ist ein Klassiker, wenns ganz schnell gehen soll. Für dieses Rezept wurde ein Pilzragout zugegeben und aus den normalerweise pochierten Eiern ein fixes Rührei.**

200 g aromatische Mischpilze (z. B. Shiitake, Steinpilze, Pfifferlinge, Herbsttrompeten)
1 Schalotte
60 g Butter
1 kleine Knoblauchzehe
1 Schuss Sherry (kein Cream Sherry)
4 Eier
½ kleines Bund glatte Petersilie
4–6 Brotscheiben (z. B. Brioche, Seite 121)
Salz, schwarzer Pfeffer

Ergibt 2–3 Portionen

Die Pilze putzen, feucht abwischen und auf eine Größe schneiden. Die Schalotte abziehen und fein hacken und in einer beschichteten Pfanne in 2 Esslöffeln Butter 5 Minuten glasig dünsten. Den Knoblauch abziehen und ganz fein hacken. Mit den Pilzen unterrühren und abgedeckt 5 Minuten schwitzen lassen. Dann salzen und pfeffern und den Sherry angießen. Die Pilze noch einige Minuten fertig garen lassen. Inzwischen die Eier in einem kleinen Topf verquirlen. Die Rühreimasse unter die Pilze rühren und mehrere Minuten abgedeckt stocken lassen.

Inzwischen die Petersilie kalt abbrausen, trocken schütteln, die Blättchen fein hacken. Das Brot mit der restlichen Butter bestreichen und darauf das Pilzragout anrichten. Mit der gehackten Petersilie bestreuen und gleich servieren.

TIPP: Auch mit getrockneten Pilzen funktioniert dieses Rezept. Da getrocknete Pilze aromatischer sind als frische Champignons oder Morcheln, reicht auch 1 Esslöffel.

Stilton Tart

…ähnung des Blue Stilton Käses stammt von 1723. Ein Jahr später lobte der englische Autor … das Dörfchen Stilton bereits für seinen Käse. Nur sechs Käsereien auf der ganzen Welt …n beliebten Blauschimmel mit dem berühmten und, so sagen manche, auch berüchtigten …hmack herstellen.

… die Walnüsse fein zu Walnussmehl mörsern. Mit dem Weizenmehl verrühren und in eine …en. Die Butter hineinreiben, das Schmalz in Flocken zugeben. Zwei Messer wie eine Schere …d die Zutaten damit schnell zu einem Teig hacken. Alternativ einen *pastry cutter* verwenden, … Butter nicht zu sehr erwärmt. Den Teig in Frischhaltefolie wickeln und 30 Minuten kühlen.

Eine Arbeitsfläche bemehlen und den Teig darauf ausrollen. Eine Tartform einfetten und den Teig in die Form einpassen. Mit Frischhaltefolie abdecken und im Kühlschrank oder in der Tiefkühltruhe 30 Minuten kühlen.

Inzwischen den Ofen auf 180 °C Umluft vorheizen. Den Lauch bis zum hellgrünen Teil längs halbieren, in Streifen schneiden und kalt abbrausen, um Sand zu entfernen. Die Butter in einer Pfanne erhitzen. Den Lauch 5 Minuten darin garen. Den Thymian von den Stängeln rebeln und mit Salz und Pfeffer unter den Lauch ziehen.

Die Eier mit der Sahne verschlagen. Wenig salzen, pikant pfeffern. Den Stilton krümeln.

Die Frischhaltefolie vom Teig entfernen, mit einer Gabel mehrmals in den Teig stechen, mit Backpapier auslegen und mit Backerbsen beschweren. Im vorgeheizten Backofen 20 Minuten blind backen. Dann das Backpapier und die Backerbsen entfernen.

Den Tartrand bei Bedarf glätten. Das Lauchgemüse auf dem Teigboden verteilen. Darüber den Stilton streuen. Darüber die Sahne-Ei-Mischung gleichmäßig verteilen. Im Backofen noch einmal 25–30 Minuten goldbraun backen, bis die Masse durchgegart ist.

TIPP: Diese Tart schmeckt warm oder kalt.

Boden
75 g Walnüsse
150 g Weizenmehl
80 g eiskalte Butter
2 EL Schmalz

Füllung
1 Lauchstange
3 EL Butter
3 Thymianzweige
4 Eier
150 ml Sahne
100 g Stilton
Salz, schwarzer Pfeffer

Tartform (24cm)
Backerbsen

Ergibt 1 Tart

Crumpets

Die Worte Crumpets und Muffins haben im Englischen noch eine zweite Bedeutung: Sie beschreiben willige junge Mädchen. Kulinarisch unterscheiden sich die beiden allerdings – Crumpets sind dank ihrer löcherigen Oberfläche unverkennbar.

In einer Schüssel die Milch, die Hefe und den Zucker verrühren. Für etwa 15 Minuten stehen lassen, bis die Hefe aktiv wird und schäumt. Dann 250 Milliliter lauwarmes Wasser unterrühren. Das Mehl mit dem Salz und dem Backpulver vermischen, unterziehen und alles gut miteinander verrühren. Abgedeckt 1–2 Stunden stehen lassen, bis der Teig richtige Blasen wirft.

Das Öl in einer gusseisernen Pfanne erhitzen. Backringe in die Pfanne setzen und den Teig fingerdick angießen. In 1–3 Minuten haben sich löcherige Crumpets gebildet. Crumpets aus der Pfanne nehmen und auf einer großen Platte anrichten. Mit etwas Butter garnieren, die auf den Crumpets schmilzt und in die Löcher läuft. Den restlichen Teig ebenso verarbeiten. Mit Marmelade oder Gelee nach Belieben gleich servieren.

TIPP: Diese Hefeteilchen passen besonders gut zum Frühstück und zu aromatischen Tees. Am besten sind sie direkt aus der Pfanne.

300 ml Milch
½ Pck. Trockenhefe
1 TL Zucker
400 g Weizenmehl
1 TL Salz
½ TL Backpulver
3–4 EL geschmacksneutrales Öl
100 g Butter
100 g Marmelade oder Gelee

Backringe (ca. 6 cm)

Ergibt 10–12 Crumpets

Bath Buns

Gehaltvolle Hefestücke mit viel Butter gehören zum *afternoon tea* und zum *high tea*. Der berühmte Pump Room in Bath serviert diese nach ihrer Geburtsstadt benannten Teilchen schon seit vielen Jahren und steht natürlich auch auf unserer Liste der empfehlenswerten Plätze für einen *afternoon tea*. Er ist seit über 200 Jahren unverändert.

½ Pck. Trockenhefe
100 ml Sahne
50 g Zucker
250 g Weizenmehl
1 Msp. Salz
2 große Eier
50 g Butter
2 EL Sultaninen
2 EL kandierte Orangen- oder Zitronenstückchen
1 EL Hagelzucker

Ergibt 6 Stück

Die Hefe mit der Sahne, 100 Millilitern warmem Wasser und 1 Teelöffel Zucker in einer Schüssel 20 Minuten gehen lassen, bis sie schäumt. Dann das Mehl unterrühren und alles zu einem Teig verarbeiten. Den Teig mit Frischhaltefolie abdecken und an einem warmen Ort 60 Minuten stehen lassen, bis er auf das Doppelte aufgegangen ist.

Ein Ei trennen. Das Eigelb für die Glasur zurückbehalten. Das Eiweiß und das ganze Ei verschlagen und unter den Teig rühren. Die Butter hineinreiben. Die Sultaninen sowie die kandierten Zitrusstückchen unterheben. Der Teig ist recht klebrig. Nochmals abgedeckt an einem warmen Ort 30 Minuten gehen lassen.

Inzwischen den Ofen auf 180 °C Umluft vorheizen. Ein Backblech mit Backpapier auslegen. Den Teig mit zwei feuchten Löffeln zu Brötchen formen und nebeneinander auf das Backblech setzen. Das übrige Eigelb verquirlen. Den Teig damit bestreichen und mit Hagelzucker bestreuen. Im vorgeheizten Backofen 20 Minuten goldgelb backen.

TIPP: Man kann den Teig auch als großen Milchbrötchenlaib backen.

H.M. Queen Elizabeth II

Die schönsten Adressen zum Ausgehen

Natürlich ist London die Teatime-Metropole schlechthin, in den luxuriösen Grand Hotels der Innenstadt wird die Kunst der gepflegten Teestunde schon seit Generationen zelebriert. Die Teegilde ist eine wahre Fundgrube an Adressen zur Teatime (www.afternoontea.co.uk) und wählt jedes Jahr auch die besten Hotels. Überraschungen sind dabei jedoch relativ selten, denn die Gewinner und Nominierten werden ausschließlich aus dem Mitgliederkreis der Gilde bestimmt und zahlen für dieses Privileg. In Traditionshotels wie *Claridge's*, *The Ritz* oder dem kürzlich für 250 Millionen Euro renovierten *Savoy Hotel* ist das Ambiente geschmackvoll und trotzdem nicht spießig, denn das gilt auf der Insel als Todsünde. Mit einem extravaganten Outfit wird man auf jeden Fall hineingelassen – Flipflops und Shorts zählen nicht dazu, aber darin wird sich in einem solchen Ambiente wohl auch niemand richtig wohlfühlen.

Nicht minder interessant und fein, aber mit einem besseren Preis-Leistungs-Verhältnis und einer oftmals auch persönlicheren Note präsentieren sich die kleineren, versteckt liegenden Hotels, wie mein Geheimtipp und Liebling *St. James's Hotel and Club*. Zudem sprießen auch kleine Tearooms wieder aus dem Boden; anstelle von Eleganz und behandschuhten Teesommeliers gibt's angestoßene Flohmarktfunde, Muffins von Grandma und viel Retrocharme. Und auch außerhalb Großbritanniens entstehen zunehmend großartige Teatime-Locations.

Hier finden Sie eine Auswahl der schönsten Adressen zwischen London und Edinburgh, Hamburg und Paris. Ein Blick auf die Preisliste empfiehlt sich, vor allem wenn Sie sich für einen Besuch in einem der Hotels entschieden haben sollten. Zwar ersetzen die dort angebotenen Teatimes in ihrer Bandbreite aus selbst gemachten süßen und pikanten Kleinigkeiten mindestens eine Mahlzeit, aber sie sind personalintensiv und können deshalb kein Schnäppchen sein. Meine persönlichen Lieblinge sind mit einem  gekennzeichnet.

London

The Langham (http://london.langhamhotels.co.uk). Tophotel, gleich hinter der Oxford Street.
U-Bahnhaltestelle: Oxford Circus

Milestone Hotel (www.milestonehotel.com). Englische Country-Eleganz.
U-Bahnhaltestelle: High Street Kensington

Metropolitan Hotel (www.metropolitan.london.como.bz). Modern und trotzdem sehr freundlich.
U-Bahnhaltestelle: Hyde Park Corner

The Cadogan (www.cadogan.com). Süßes Stadthotel mit Butzenscheiben.
U-Bahnhaltestelle: Knightsbridge

St. James's Hotel and Club (www.stjamesclubandhotel.co.uk). Köstlich und erschwinglich.
U-Bahnhaltestelle: Green Park

The Crypt, St. Martin's in the Fields (www2.stmartin-in-the-fields.org). Krypta der berühmten Kirche. Händel und Mozart spielten hier schon. Günstigste Teatime in London.
U-Bahnhaltestelle: Charing Cross

Burgh House (www.burghhouse.org.uk/). Verträumt, unweit des großen Hampstead Heath Parks.
U-Bahnhaltestelle: Hampstead

Museum of Garden History (www.museumgardenhistory.org/). Winziger Garten, Geheimtipp.
U-Bahnhaltestelle: Vauxhall

Soho's Secret Tea Room (www.sohossecrettearoom.co.uk). 1940er-Jahre Retrostil, über einem Pub gelegen und preiswert.
U-Bahnhaltestelle: Leicester Square

We are tea (www.wearetea.com). Modern, einfache Einrichtung, feine Tees, preiswert.
U-Bahnhaltestelle: St. Paul's

Bath

Roman Baths (www.romanbaths.co.uk). Auf den Spuren von Jane Austen. Zentrum.

The Bath Bun (www.thebathbun.com). Verwunschenes Teehaus, in dem Bath Buns nach einem Originalrezept von 1761 gereicht werden. Zentrum, Abbey Green.

Edinburgh

Prestonfield (www.prestonfield.com), ganz wie aus einem Märchen. Im Privatpark schlagen Pfaue ihre Räder, und die männliche Bedienung trägt Kilt.

Eteaket (www.eteaket.co.uk). Teehandel und Tearoom mitten in der Stadt.

Schweiz

Grand Resort Bad Ragaz (www.resortragaz.ch). Besonders schönes Ambiente und perfekter Service.

Österreich

Steigenberger Herrenhof, Wien (www.steigenberger.com/Wien), im Herzen Wiens, nur einen Steinwurf von der Hofburg entfernt. Exzellenter Teamaster.

Paris

Mariage Fréres (www.mariagefreres.com), Geschäft und schönster *salon de thé* in der Rue des Grands Augustins.
Métrostation: Pont-Neuf

Musée Jacquemart André (www.musee-jacquemart-andre.com), der billigste *afternoon tea* der Stadt unter barocken Putten.
Métrostation: Miromesnil

Tea by thé (www.teabythe.com). Kühl, modern, erfrischend.
Métrostation: Palais Royal

Deutschland

Fairmont Hotel Vier Jahreszeiten Hamburg (www.hvj.de), tägliche Teatime in einer Wohnhalle mit Kamin, Samowaren und perfektem Service.
U-Bahnhaltestelle: Jungfernstieg

The Ritz-Carlton, Berlin (www.ritzcarlton.com), bietet sogar einen *ladies tea* mit Champagner an.
U-Bahnhaltestelle: Potsdamer Platz

The Regent Berlin (www.regenthotels.com), exklusive Tea- und Lobby-Lounge mit einer großen Auswahl an *afternoon tea*-Spezialitäten. U-Bahnhaltestelle: Französische Straße

Tee, Tea, Thé, Berlin (www.teeteathe.de). Teefachhandel mit netter und preiswerter Karte.
U-Bahnhaltestelle: Eisenacher Straße

Hotel Vier Jahreszeiten Kempinski, München (www.kempinski.com),
bietet 30 Teesorten und den passenden Rahmen in Münchens Traditionshotel.
U-Bahnhaltestelle: Marienplatz

The Victorian House (www.victorianhouse.de). Fünfmal in München, auch in der Alten Pinakothek.

Brenners Park-Hotel, Baden-Baden (www.brenners.com). Tea time am offenen Kamin zu Pianoklängen.

Kameha Grand, Bonn (www.kamehagrand.com). Kosmopolitisch, trendig, angesagt.

Hotel Fährhaus, Sylt (www.faehrhaus-hotel-collection.de). Großzügig, elegant und exklusiv – das Traditionshaus auf der Insel.

Register

Bezugsquellen

Alle britischen Produkte
von englischen Digestive Biscuits mit oder ohne Schokolade über Golden Sirup, britische Mayonnaise und Pickles bis hin zu Orangenmarmelade (Frank Cooper's), Lemon Curd und Clotted Cream:

THE BRITISH SHOP | Versandhandel GmbH & Co. KG
Auf dem Steinbüchel 6 | 53340 Meckenheim
+49 2225 8808-100 | www.the-british-shop.de

A Taste of Britain
Oeder Weg 34 | 60318 Frankfurt
+49 69 95929474 | www.british-food-shop.de

Britannia British Food & More
Lister Meile 38 | 30161 Hannover
+49 511 314627 | www.britannia-shop.de

Great British Food – Michelle's Specialities
Ravensberger Straße 27 | 32312 Lübbecke
+49 5741 7673 | www.greatbritishfood.de

Very British GmbH
Kirchplatz 22 | 85051 Ingolstadt
+49 8450 9241615 | www.british-shop.de

Alles rund ums Backen
von Mini-Gugelhupf-Formen über Backformen für Mohrenköpfe bis hin zu Pralinenzubehör – für dieses Buch mehrfach getestet:

Städter GmbH
Am Kreuzweg 1 | 35469 Allendorf
+49 6407 403410-00 | www.staedter.de

Tee und Teezubehör
von englischen Teeklassikern bis hin zu ausgefallenen Kombinationen:

feinSinn
Cheruskerstraße 113 | 40545 Düsseldorf
+49 211 5579666

Ronnefeldt Teeshop München in den Pasing Arcaden
Pasinger Bahnhofsplatz 5 | 81241 München
+49 89 82969061

Tee Culture
Reichsstr. 103 | 14052 Berlin
+49 30 30106608

Twinings | Weston Centre
10 Grosvenor Street | London W1K 4QY
www.twinings.de

Whittard of Chelsea | Windrush House
Windrush Park Road | Witney, OX29 7DX
www.whittard.co.uk

Accessoires
von goldenen Teekännchen bis hin zu Blümchenporzellan – viele der wunderschönen Dinge, die in diesem Buch für die Fotografie verwendet wurden, finden Sie hier:

Axis Mundi
Lagerstrasse 17 / Gebäude G | 20357 Hamburg
+49 40 4304540 | www.axis-mundi.de

Christofle
+33 235 056098 (für Deutschland)
+33 235 055915 (für Österreich)
www.christofle.com

craft2eu
Eppendorfer Weg 23 | 20251 Hamburg
+49 40 4809282224 | www.craft2eu.de

Das 7. Zimmer
Hegestrasse 7 | 20251 Hamburg
+49 40 474648

flow1ltd
Rahlstedter Weg 114 | 22159 Hamburg
+49 57 003903 | www.flow1ltd.blogspot.com

Kühn Keramik
Fasanenstrasse 58 | 10719 Berlin
+49 384 695 | www.kuehn-keramik.com

Mossapour Interior
Ballindamm 7 | 20095 Hamburg
+49 40 46882526 | www.mossapour.com

Petra Rhen
Lundbyvägen 11 | 18642 Vallentuna Sweden
+46 76 8391078 | www.petrarhen.moonfruit.com

Porzellanmanufaktur Nymphenburg
Nördliches Schlossrondell 8 | 80638 München
+49 89 17919727827 | www.nymphenburg.com

Pozellanmanufaktur Reichenbach GmbH
Fabrikstrasse 29 | 07629 Reichenbach/Thür
+49 366 0188020 | www.porzellanmanufaktur.net

2. Auflage 2012

Besuchen Sie uns im Internet: www.umschau-buchverlag.de

Texte und Rezepte
Gabriele Gugetzer, Hamburg

Fotografie
Julia Hoersch, Hamburg
www.juliahoersch.de

Konzept, Styling und Scherenschnitte
Dietlind Wolf, Hamburg
www.dietlindwolf.com

Designassistenz
Fabia Schubert, Hamburg
www.fabiaschubert.de

Foodstyling
Hermann Rottmann, Hamburg

Lektorat
Vanessa Herzog, Neustadt a.d.W.

Gestaltung und Satz
Tina Defaux, Neustadt a.d.W.

Herstellung
Tatjana Beimler, Neustadt a.d.W.

Reproduktion
Medien Profis GmbH, Leipzig

Druck und Verarbeitung
Finidr, s.r.o., Cesky Tesin

Printed in
Czech Republic

ISBN: 978-3-86528-738-0